权威·前沿·原创

皮书系列为
“十二五”“十三五”国家重点图书出版规划项目

BLUE BOOK

北京市顺义区社会建设发展报告（2017）

ANNUAL REPORT ON THE DEVELOPMENT OF SOCIETY CONSTRUCTION OF SHUNYI IN BEIJING CITY (2017)

主　编／王学武

图书在版编目(CIP)数据

北京市顺义区社会建设发展报告.2017 / 王学武主编. --北京:社会科学文献出版社,2017.9
(顺义社会建设蓝皮书)
ISBN 978-7-5201-1306-9

Ⅰ.①北… Ⅱ.①王… Ⅲ.①社会发展-研究报告-顺义区-2017 Ⅳ.①D671.3

中国版本图书馆 CIP 数据核字(2017)第 212335 号

顺义社会建设蓝皮书
北京市顺义区社会建设发展报告(2017)

主　　编 / 王学武

出 版 人 / 谢寿光
项目统筹 / 曹义恒
责任编辑 / 曹义恒　吕霞云　孙军红

出　　版 / 社会科学文献出版社·社会政法分社(010)59367156
地址:北京市北三环中路甲 29 号院华龙大厦　邮编:100029
网址:www.ssap.com.cn
发　　行 / 市场营销中心(010)59367081　59367018
印　　装 / 三河市尚艺印装有限公司

规　　格 / 开　本:787mm×1092mm　1/16
印　张:17.75　字　数:235 千字
版　　次 / 2017 年 9 月第 1 版　2017 年 9 月第 1 次印刷
书　　号 / ISBN 978-7-5201-1306-9
定　　价 / 89.00 元

皮书序列号 / PSN B-2017-658-1/1

本书如有印装质量问题,请与读者服务中心(010-59367028)联系

版权所有 翻印必究

编 委 会

主　　任　禹学垠

副 主 任　郑晓博

主　　编　王学武

副 主 编　李兴存

编　　委　（按姓氏笔画排列）

马乃篪　马仲良　仇凤荣　王　伟　王　娣

王学武　朱广娜　陈沿锦　李　勇　李兴存

李恩雄　郑建阳　郑晓博　单继礼　赵亚楠

聂冬妮　禹学垠　谢启辉　樊廷卉

主要编撰者简介

王学武　男，中共北京市顺义区委社会工作委员会书记、北京市顺义区社会建设工作办公室主任。长期从事社会建设、社会治理工作，曾在街道、镇工作多年，有着丰富的基层工作经验。撰写了《加强和创新顺义区社会治理的对策与思考》《对推进“枢纽型”社会组织参与社会治理的几点思考》等调研报告，提出了社会建设和社会治理工作创新性见解和工作思路，为顺义区社会治理工作提供了丰富的事实材料和理论支撑，为区委区政府科学决策提供了重要依据。

李兴存　男，中共北京市顺义区委社会工作委员会副书记。从事社会建设工作多年，在社区建设、社会组织培育发展方面有着丰富的实践经验，牵头起草制定了《顺义区街道管理体制改革工作方案》、《顺义区社区工作者管理办法》和《顺义区关于调整社区工作者待遇保障实施方案（试行)》等文件，完善了顺义区社会建设体制机制，为街道体制改革和社区工作者队伍管理提供了制度保障。

马仲良　男，中关村长策产业发展战略研究院院长、北京市社会组织建设与管理专家委员会主任、北京市学习型城市专家委员会主任委员，曾任北京市社会科学院副院长、北京市决策研究基地（设在北京市委研究室）首席专家。长期从事社会建设领域的研究，主要著作获中央省部级优秀成果奖3项、北京市政府社会科学优秀成果一等奖3项、二等奖5项。近年来承担多项北京市有关部门的课题，担任多部重点课题成果的主编、副主编，主要著作有《社区建设概念》《社区体制创新》《现代城市科学管理》《建设学习型城市》《协商民主研究》《论社会管理体制改革》《社会管理创新》《中国特色社会主义的历史方位》等，在社会建设领域有着广泛的影响。

前 言

社会建设是中国特色社会主义事业“五位一体”总体布局的重要组成部分，党的十八届五中全会提出了“加强和创新社会治理，推进社会治理精细化，构建全民共建共享的社会治理格局”的要求。“十三五”期间，顺义区着力落实“港城融合的国际航空中心核心区、创新引领的区域经济提升先行区、城乡协调的首都和谐宜居示范区”的功能定位，要求“把握发展的阶段性特征、推动经济社会转型升级”，在社会建设进入创新治理、深化服务的新阶段，必须切实增进民生福祉，着力提升全区人民的获得感，推动社会建设向共建共享转型升级。2016 年是“十三五”规划的开局之年，顺义区在市委市政府的领导下，持续推进社会建设，加强和创新社会治理，取得了新的成就。

为全面反映顺义区 2016 年社会建设的现状，顺义区社会建设工作领导小组办公室组织相关专家编写了《北京市顺义区社会建设发展报告（2017）》，全书分为总报告、分报告、专题篇、案例篇、附录五个部分。总报告对 2016 年顺义区社会建设的整体情况做了概括。分报告从社会治理体制机制、保障和改善民生状况、社区治理、社会组织建设、社会治理信息化、公共安全体系建设、社会领域党建七个方面对全区社会建设做了较为详细的介绍，比较全面地反映了顺义区 2016 年社会建设的情况。专题篇收录了区社会建设工作领导小组成员单位的部分调研报告和研究文章。案例篇收录了部分街道（镇）的社会建设案例。附录收录了 2016 年顺义区下发的部分与社会建设相关的文件，供读者参考。

由于编写区级社会建设蓝皮书可供借鉴的经验不多，编者水平有限，难免有不妥之处，请读者不吝批评指正。

2017 年 5 月

摘　要

本书由总报告、分报告、专题篇、案例篇、附录五个部分组成。

总报告对2016年顺义区社会建设的整体情况做了概括，总结了社会治理体制机制、民生工作、社区治理、社会组织建设、社会治理信息化、公共安全体系建设、社会领域党建七个方面取得的成绩，分析了2016年顺义区社会建设存在的不足，包括社会治理的自觉性有待进一步增强、社会组织实力较弱、参与意识有待进一步提升、网格化体系建设水平有待进一步提高、社会领域党建有待进一步加强等，并针对这些不足提出了相关的对策建议。

分报告收录了与社会治理体制机制、保障和改善民生、社区治理、社会组织建设、社会治理信息化、公共安全体系建设、社会领域党建相关的七篇发展报告，这些发展报告，从不同的方面对全区社会建设做了较为详细的介绍，比较全面地反映了顺义区2016年社会建设的情况。

专题篇收录了与顺义区“枢纽型”社会组织参与社会治理、社会组织党建、城市社区基本公共服务、困难群体社会救助工作、社会工作、社区服务社会化、社区矫正工作、服务型党组织建设、国际化社区建设等方面的调研文章和研究报告，有助于进一步加强对顺义区社会治理工作的深入了解。

案例篇收录了顺义区石园街道构建整合型居家养老服务体系、旺泉街道加快推进社区减负增能、空港街道裕祥花园社区“互联网+五色管理”、龙湾屯镇探索绿色就业新模式四个案例。这些案例，从不同角度反映了顺义区2016年开展社会治理的丰富实践。

附录收录了2016年顺义区下发的部分与社会建设相关的文件，包括《顺义区街道管理体制改革工作方案》《顺义区社区工作者管理办法》《顺义区关于调整社区工作者待遇保障实施方案（试行）》《顺义区加强城市服务管理网格化体系建设实施方案》《顺义区“枢纽型”社会组织业务工作规范》五个文件。

Abstract

This book consists of five parts: general report, sub reports, special topics, cases and appendix.

The general report gives a brief account of the overall situation of social construction in the District of Shunyi in 2016, summing up the social governance body system mechanism, people's livelihood work, community administer, social organization construction, social governance informatization, public security system construction, social party construction and other aspects achievements. It has analyzed the shortcomings of social construction in the District of Shunyi in 2016, including that the consciousness of the social governance should be further enhanced, weak social organizations, sense of participation should be further promoted, the construction level of the grid system needs to be further improved, and Party Construction in the social field should be further strengthened, and relevant countermeasures and suggestions are put forward in view of these deficiencies.

The sub-reports contain seven development reports on social governance system, protection and improvement of people's livelihood, community governance, social organization construction, social governance informatization, public security system construction and social construction, which have made a more detailed introduction to the social construction of the whole area from different aspects, and comprehensively reflected the social construction situation in the District of Shunyi in 2016.

The part of special topics includes hub type social organizations to participate in social governance in the District of Shunyi, social organization construction, city community basic public services, disadvantaged groups in social relief work, social work, community service, community correction work, Party building services, international community construction research articles and research reports. These can help us to understand deeply about the work of social governance in the District of Shunyi.

The case part has cited four cases in the District of Shunyi, which are the construction of integrated home care service system in Shiyuan Street, putting forward of decreasing community burdens and increasing powerment in Wang Quan street, "Internet plus five management" in Yuxiang Garden community of airport Street, exploring of new modes for green jobs in the town of Long Wantun. These cases have reflected rich practice of social governance development from different angles in the District of Shunyi in 2016.

The part of appendix contains some documents on social construction and related issued in 2016 in the District of Shunyi, including the work plan for street management system reform in the District of Shunyi and Measures for the administration of community workers in the District of Shunyi, plans on the adjustment of community workers welfare in the District of Shunyi, construction and implementation plans to strengthen the management of the grid service system in the District of Shunyi, and "hub model" social organization business norms in the District of Shunyi.

目　录

Ⅰ　总报告

Ⅱ　分报告

Ⅲ　专题篇

Ⅳ 案例篇

Ⅴ 附录

皮书数据库阅读**使用指南**

CONTENTS

Ⅰ General Report

Ⅱ Subject Reports

Ⅲ Special Reports

Ⅳ Cases

Ⅴ Appendix

总　报　告

General Report

B.1
2016年顺义区社会建设发展报告

马仲良　王学武　赵亚楠*

摘　要：　2016年，顺义区社会建设取得了显著成绩，不断创新社会治理体制机制，持续加强民生保障，推动社区治理，加强社会组织建设，提高社会治理信息化水平，推进公共安全体系建设，加强社会领域党建，不断促进城市治理精细化。在取得这些成绩的同时，也存在一些不足，包括社会治理的自觉性有待进一步增强、社会组织实力较弱、参与意识有待进一步提升、网格化体系建设水平有待进一步提高、社会领域党建有待

* 马仲良，北京市社会科学院原副院长、研究员，现任中关村长策产业发展战略研究院院长；王学武，顺义区委社会工委书记、区社会办主任；赵亚楠，顺义区委社会工委、区社会办综合科干部。

进一步加强等。

关键词： 顺义 社会建设 社会治理

2016年是“十三五”规划的开局之年，顺义区在市委市政府的领导下，牢牢把握发展的阶段性特征，推动经济社会转型升级，不断创新社会治理体制机制，持续加强民生保障，推动社区治理，加强社会组织建设，提高社会治理信息化水平，推进公共安全体系建设，加强社会领域党建，不断促进城市治理精细化，推动社会建设向共建共享转型升级，切实增强人民群众的获得感。

一 2016年顺义区社会建设取得的成绩

（一）社会治理体制机制不断创新

加快建设服务型政府，加强顶层设计。以建设“有限、有为、有责、有效”的“四有”型政府为目标，探索责任清单和权力清单，理顺权责关系。制定实施关于建立区政府部门权力清单责任清单制度，在顺义区人民政府门户网站上向社会公布6659项权力事项，接受社会监督。制发《顺义区加强城市服务管理网格化体系建设实施方案》《顺义区街道管理体制改革工作方案》《顺义区“十三五”时期社会治理规划》等文件，加强顶层设计。深入推进城市管理综合执法体制改革，设立城市环境管理执法委员会和市场监督管理执法委员会，镇街层面建立综合执法指挥中心，加大环境管理、市场监管和维护市场秩序的力度。出台《顺义区推进街道（镇）政务服务标准化建设工作实施方案》，进一步健全和完善全区政务服务体系，通过建立标准化机制，优化标准流程，完善标准实施，强化标准监督，探索政务服务标准化管理新模式。

编制并发布实施《顺义区“十三五”时期社会治理规划》。在编制规划时密切关注国家及北京市关于社会治理的最新动态，确保提出的各项措施符合新形势的要求。规划编制结合顺义区情，深入落实“把握发展的阶段性特征、推动经济社会转型升级”工作总要求，着力落实“港城融合的国际航空中心核心区、创新引领的区域经济提升先行区、城乡协调的首都和谐宜居示范区”的功能定位，加强规划内容的针对性、前瞻性和可操作性。

深入推动街道管理体制改革，全面提升街道社区服务管理水平。2016 年出台《顺义区街道管理体制改革工作方案》，全面启动顺义区街道体制改革工作。根据《顺义区街道管理体制改革工作方案》要求，出台《顺义区街道机构改革方案》《顺义区街道经费保障和管理机制实施意见》《顺义区社区工作者管理办法》《顺义区关于调整社区工作者待遇保障实施方案（试行）》等文件。积极推进空港街道管理体制改革试点，为以街道管理为基础的城市管理体制改革做出综合探索。

全面推动依法治理、以德治理、依学治理。全面启动实施“七五”普法，进一步固化“村居法律顾问制度”。积极推动法治宣传教育工作转型升级，分批次推进法治宣传阵地建设。各部门依法治理深入推进。开展以德治理，制定下发《关于开展顺义区和谐家庭标兵、和谐家庭、特色家庭创建活动的实施意见》，以传承文明家风为主线，着力开展和谐家庭、特色家庭创建活动。开展第六届顺义区道德模范评选活动，公开命名和表彰了 10 名道德模范。继续推动村（居）规民约修订工作，以村（居）规民约为抓手，用核心价值观引领制约定规，把核心价值观倡导的价值理念融入村（居）规民约之中，使村（居）民在履约遵规中潜移默化地践行了核心价值观。加强学习型城市建设，推动“依学治理”，评选授牌社区教育中心、七彩蝶园、汉风耕读苑等10家单位为顺义区首批市民终身学习示范基地。深入推进学习型组织建设，开展“绿港书香”全民读书和全民终身学习活动周活动，评选具有一定引领和示范作用的公益性市、区级市民学习品牌。

继续推进指标体系试点工作，提升社会服务管理工作精细化水平，弥补体制机制上的薄弱环节，打破部门间的壁垒，调动全区各单位参与社会治理的积极性，解决人民群众最关心、最直接、最现实的民生问题，实现问政于民、问需于民、问绩于民，促进社会和谐与稳定。2016年11家试点单位在2015年指标体系试点工作的基础上，围绕本单位核心任务、单位职责和群众需求共确定主责指标101个，涉及配合单位41家，配合指标333个，已全部录入系统，并完成每个季度的数据确认。

（二）民生工作持续改善

城乡就业水平不断提高。坚持就业优先战略，积极服务首都“疏非控人”工作，强化精准施策，不断健全职业技能培训和公共就业服务体系，连续6年获评“北京市充分就业区”，全区就业工作实现新提升。2016年，全区全年促进城乡劳动力就业1.6万人，全年城镇新增就业2.9万人，城乡劳动力第二、第三产业就业率为95.3%，城镇登记失业率为1.45%，全年培训城乡劳动力1.2万人。创业带就业工作有序推进，全年实现自主创业558人、带动就业2460人，为46家企业发放609万元的小额担保贷款，组织开展创业培训889人，提供创业服务4588人次。

社会保障体系不断完善。全面落实社保改革任务，不断扩大社保覆盖范围，进一步提高社保待遇水平和经办服务效能，社会保障“安全网”和“经济助推器”功能得到充分发挥。在全市率先启动机关事业单位养老保险制度改革，实现与企业职工养老保险的制度并轨。加大扩面征缴力度，进一步扩大社会保险覆盖范围。2016年，全区职工五项保险平均参保人数达49.93万人，同比增长2.80%，职工养老、医疗、失业、工伤、生育保险参保人数分别达58.27万人、57.57万人、46.0万人、47.03万人、40.8万人，五项社保基金收缴率达98%以上。城乡居民基本养老保险当年参保人数达到9.7万人，城镇居民基本医疗保险、新农合当年参保（合）人数分别达到9.25万人和23.71万人。建会企业集体合同签订率超过80%。

社会救助工作持续推进。创新出台《关于统筹做好医疗救助工作的意见》《关于开展因病致贫家庭医疗救助有关问题的通知（试行)》，率先在政策上进行四项突破，实现全区医疗救助全覆盖。一是将硅肺病纳入重大疾病病种，重大疾病救助范围扩大到16种；二是在保证低保、低收入家庭医疗救助的基础上，将因看病造成家庭支出过大、超出家庭承受能力的群体都纳入救助范围；三是将患特定重大疾病的救助对象比例在全市基础上提高10个百分点；四是将患有特定的16种重大疾病救助封顶金额由8万元提高到20万元，全年共救助595人次，发放救助金980.83万元。开展农村社会救助建房工作，全年投入217.98万元救助47户低保、低收入家庭，帮助他们翻修危旧房屋，改善住房环境。教育救助、重性精神病人救助、临时救助等工作全面展开。完善“一门受理”工作机制，畅通社会救助管理部门的救助渠道，及时接收办理群众遭遇的急难事项，确保困难群众“求助有门”“受助及时”。

社会福利水平不断提高。老年社会福利保障待遇持续提高，“爱老、敬老、孝老”的社会风气逐渐形成。机构养老发展快速，全区持证运营养老床位达5400张。提高对困境儿童的保护水平，2016年，全区首次把贫困家庭重病儿童、残疾儿童和享受城乡低保分类救助待遇的事实无人抚养儿童纳入保障范围，并调高事实无人抚养儿童基本生活费。落实困难残疾人生活补贴和重度残疾人护理补贴制度，保障残疾人基本生活。2016年共安排困难残疾人生活补贴资金8000

万元、重度残疾人护理补贴资金2500万元。提高征地超转人员补助标准，参照本市建设征地农转工退休人员的养老金调整政策确定上涨幅度。不断提高优抚水平，2016年，顺义区共投入民生保障金5400余万元，从保障基本生活，缓解医疗、住房等方面的问题入手，为优抚对象打造幸福生活，全年共发放各类抚恤补助金3890.83万元。推动民生保障社会化参与，发挥慈善力量，实现无缝对接，进一步提高保障能力。

大力促进教育均衡化发展。落实《顺义区第二期学前教育三年行动计划》（2015~2017年），扩充学前教育资源，全年新增学位3090个，有效缓解入园高峰压力。出台《顺义区关于进一步完善城乡义务教育经费保障机制实施方案》，城乡义务教育经费保障机制进一步完善。制定并落实入学工作意见和规定，统筹调配教育资源，规范义务教育入学。高中教育特色更加鲜明，牛栏山一中和杨镇一中被评为首批北京市文明校园。顺义一中、顺义二中成为北京市第二批中小学学校文化建设示范校。成人学历教育质量稳步提升，成人学历教育全年招生3713人，中高等学历教育在校生11124人。非学历继续教育品质提升，“慧企讲堂”“兴农讲堂”“创意设计大讲堂”等非学历教育全年培训14080人次。

大力发展公共卫生事业。完成医疗卫生服务水平提升三年行动计划，区域医疗资源总量显著提升，医疗机构总量从2013年的598家增长至2016年的698家，一批优质高效的医疗机构聚集形成。区域人民健康水平明显提高，全区人均期望寿命达到80岁，传染病疫情规范处置率基本实现100%，免疫规划疫苗报告接种率达到99%，稳步推进慢病综合防控示范区建设，人群健康状况不断改善。通过加大投入，增加供给，优化结构，改进管理，规范服务，努力实现优质医疗资源总量、基层网底服务能力、专科医疗服务质量、卫生人才技术水平、医疗卫生管理水平五个提升，推动卫生服务理念从以“治病为中心”向“健康为中心”转变，医疗卫生服务体系建设向一体化、集团化、多元化转变，健康服务策略向协同化、全程化和人性化的健康管理转变，卫生管理方式向扁平化、专业化、精细化管理转变，卫生监管手段向信息化、科学化转变，实现改革与发展同步。加快推进医疗基础设施建设，启动友谊医院顺义院区建设、顺义区中医医院迁建等项目；区医院急诊病房综合楼已完工并投入使用；区医院教学科研楼、区疾病预防控制中心及卫生监督所迁建项目已完成主体封顶。全力推进区域医疗联合体建设，区域整合型医疗服务体系初步建立，努力构建分级诊疗、有序就医的医疗卫生服务体系，提升公共卫生服务水平。推进新农合门诊费用实时结算，完善基层药品便民惠民机制，满足群众基本用药需求。增强重点基层节点医疗服务能力，推进快捷诊疗中心建设，推动区传染病医院转型升级更名为“顺义区医院东院区”。完善基层网底设施建设和资源整合，采取乡医进驻“空巢”社区卫生服务站的方式，完成29个空巢站的复用。

推动文体事业繁荣发展。推进文化基础设施建设，新的文化中心包括图书馆新馆、文化馆新馆、博物馆和影剧院，主体已全部完工。2016年，区图书馆接待读者33万人次，借阅31万册；馆藏图书95万册，采购入藏新书12506种、53244册，送书下乡93次，配送图书22779册；开展读书活动128场，阅读推广55次，吸引6万余人次参与。文化活动丰富多彩，2016年利用全区393个农村数字电影放映厅和23辆流动电影放映车，安排全年放映公益电影17070场。2016年安排在全区开展公益惠民演出活动850场，在北京国际鲜花港开展百姓周末大舞台文艺演出活动6场，春节期间慰问演出20场。体育事业以服务于顺义政治经济文化发展、服务于城市管理和新农村建设、服务于群众健康健身需求为出发点，打造“顺义运动之城”，开展“全民健身强体魄、防控慢病我先行”“全民健身与冬奥同行”等系列活动。加强群众身边场地设施建设，打造15分钟健身活动圈，在村居新建或更新健身路径。推动街镇体质监测站建设，为市民科学健身提供依据。

社会服务不断完善。逐步推进“一刻钟社区服务圈”的建设，按照人口密度、社区规模和区域实际，将全区符合建设条件的社区划分为45个“一刻钟社区服务圈”。不断推进为老服务，将“三社联动”“养老+”“互联网+”等理念引入社区为老服务中。制订《顺义区提高生活性服务业品质行动计划》，加快推进本区生活性服务业规范化、连锁化、便利化、品牌化、特色化发展，不断提升服务水平，更好地满足人民群众对美好生活的需求。深入落实《顺义区社区物业管理办法》，开展社区物业服务质量评估，推动改善社区物业服务。

不断统筹推进三级政务服务体系建设。基本形成以区投资服务中心为龙头，以25个街道（镇）综合行政服务中心为重点，以各村（社区）便民服务室为延伸的三级政务服务网络。围绕标准化、法治化、科学化、智能化的发展方向，以规范服务为亮点，以效能提升为重点，以监督制约为保障，以畅通企业和群众“最后一公里”为目的，形成了覆盖全区、上下联动、功能完善、数据共享、运行高效的政务服务体系。

（三）社区治理不断加强

全面启动老旧小区治理一期工程。一期工程改造的小区以2000年前建设的小区为主。在改造中按照需求导向和问题导向，促进居民参与，广泛征求改造小区居民意见，把老旧小区居民最关心、最直接、最迫切的基础设施老化破损、配套设施配置不足等8大类社区问题列入改造内容，重点实施外墙保温、管线维护、墙体粉刷、道路维修、立体绿化、上下水管道改造、公厕改造、排水管道改造，以及更换暖气井盖板等工程。工程共投入资金5.76亿元，涉及6个街道的8

个老旧小区，惠及居民约8.3万人。为防止“前治后乱”现象发生，小区经改造后将全部被纳入物业管理。

不断完善“一刻钟社区服务圈”。采取问卷调查、对照查找等方式，对规范化建设已达标社区的180项基本公共服务全覆盖情况进行了摸底统计和汇总分析，合理配置公共服务资源，并制作、发放“一刻钟社区服务圈”平面示意图和便民服务手册。将“一刻钟社区服务圈”建设与社区基本公共服务全覆盖工作相整合，推进镇属社区服务设施进一步完善，促进“一刻钟社区服务圈”建设向镇属社区延伸，在6个镇建设7个“一刻钟社区服务圈”，覆盖11个社区，服务人口5.78万人。截至2016年底，全区已建成“一刻钟社区服务圈”52个，覆盖84个社区，实现了社区居民从居住地出发步行一刻钟之内可接受日常政务服务，享受快捷的公益服务和基本的商业、生活、文体娱乐等便民服务。

高标准推进社区规范化建设。投入120万元社区规范化建设资金，完善12个社区服务站标志标识、社区服务站服务项目，规范服务制度和办理流程，将社区服务站打造成为规范、便捷、高效的服务窗口。落实新建小区社区居委会办公和活动用房规划验收工作，建立新建社区公共基础设施多部门联审机制，确保社区居委会办公和活动用房按照规划指标定期移交。加大社区资金投入力度，确保社区硬件建设标准能够满足居民需求。在8个镇的15个村级社区推进村级社会服务试点，健全规章制度，规范办事流程，引导农村社区实行一站式服务，使劳动保障、民政、人口计生、综治等服务项目延伸到农村社区，方便百姓日常生活。

推进“八型社区”建设。围绕“环境整洁、管理规范、服务完善、安全稳定、健康幸福、文明祥和、诚实守信、智能高效”的要求，建立“干净、规范、服务、安全、健康、文化、诚信、智慧”8个类型的社区。以社区减负增效为契机，创新社区治理机制，由区政府牵头，将全区34家职能部门列入“八型社区”建设主体。经第三方评估并公示，2016年共授予光明街道裕龙三区、仁和镇太阳城等30家社区“八型社区”荣誉称号。结合“八型社区”建设要求和试点社区申报情况，着重推进16个新建智慧社区和46个升星智慧社区建设。

全面加强社区工作者管理。落实市级关于社区工作者工作的相关精神，结合顺义区街道管理体制改革工作，出台《顺义区社区工作者管理办法》和《顺义区关于调整社区工作者待遇保障实施方案（试行）》，明确“总体待遇水平按照上一年度全市职工平均工资90%的标准进行动态调整”的机制。加强社区工作者培训，2016年开展4期（助理）社会工作师考前培训，培训社区工作者736名。顺义区社区工作者持证比例逐年、稳步提高，截至2016年10月底，在顺义区1397名社区工作者中，持助理社会工作师证书的有323人，持证比例为23.1%，持社会工作师证书的有118人，持证比例为8.4%。2016年，顺义区新纳入北京市社会工作领军人才库3人。

以村（居）规民约为载体，将涉及村（居）民切身利益的决策、社会公共道德、公共秩序、治安管理等方面的综合性规定纳入社区自治体系，使村（居）民主动遵守，自我管理、自我教育、自我约束。修订和实施村（居）规民约，以提升基层社会治理体系和治理能力现代化水平，真正发挥党委、政府、基层党组织、群众和社会组织等多种治理主体的作用，形成多元主体之间的合作治理、协商治理，达到促进基层群众文明素质不断提升、地区社会持续稳定和繁荣发展的目的。

“三社联动”全面推广。2016年，顺义区成功申报的3个社工机构的服务项目成为市级服务项目，即“三社联动全覆盖延续”项目、“美化农村家庭，‘三社’共筑美丽新农村”项目和“关爱银龄心理健康——社区老年社会工作服务”项目。2016年，顺义区旺泉街道牡丹苑社区获“全国社会工作示范社区”称号。

积极推动社区协商。区民政局下发《关于建立“社区议事厅”加强社区民主协商工作的通知》，推动建立“参与型”社区民主协商模式，要求在城市社区建立社区议事厅，并在显著位置进行标识；各镇要在1~2个村建立社区议事厅试点。社区议事厅本着资源共享、一室多用的原则，配置相应的设施、设备，以满足社区议事协商的需求，并确定了明确协商事项、明确协商主体、明确协商形式、统一协商程序、建立评价机制等五项任务，有力地推动了基层协商工作。

推进社区减负工作。区民政局联合区委组织部、区社会办研究制定了《关于落实〈北京市民政局　中共北京市委组织部关于进一步开展社区减负工作的意见〉的实施意见》，通过依法确定社区工作事项、清理社区组织机构挂牌、台账和评比项目，规范社区印章使用管理制度、提升自治功能和服务水平、整合社区综合信息网络、建立社区工作准入制度等六项措施，大力减轻社区行政负担。

（四）社会组织建设得到推进

顺义区社会组织发展坚持培育发展与监督管理并举的基本方针，遵循依法管理、分级负责、培育引导、稳步发展的基本原则，大胆改革、锐意创新，建立了符合顺义特点的社会组织管理机制，并在社会组织建设中逐步构筑培育扶持、品牌发展战略、执法监督、党建等四大体系。截至2016年底，顺义区登记法人社会组织371个，街道（镇）备案社区社会组织1124个，合计1495个。

扎实推进“枢纽型”社会组织工作。全面推行“管理服务岗位”购买，并投入资金220万元，用于解决部分“枢纽型”社会组织专业人员缺乏问题。继续扩大“枢纽型”社会组织覆盖面，全区纳入“枢纽型”社会组织联系、管理的社会组织达340家，其中新增符合登记注册条件的社会组织30家。规范“枢纽型”社会组织日常管理，制定出台了《顺义区2016年“枢纽型”社会组织工作要点》，起草《顺义区“枢纽型”社会组织业务工作规范》，努力探索“枢纽型”社会组织规范化管理新模式。发挥“枢纽型”社会组织服务作用，强化“枢纽型”社会组织的平台服务意识，加强对本领域社会组织的培养、服务和管理，动员“枢纽型”社会组织充分挖掘本领域自身优势，开展特色公益活动，积极参与政府购买服务项目申报，通过争取市、区项目资金等多种融资方式，确保社会组织可持续性发展。

有效推动社区社会组织发展。出台《顺义区社区社会组织专项资金使用实施方案》，规范专项资金使用。加强对专项资金的使用监管力度，通过“定点”抽查、实地走访、会议座谈等形式，深入社区社会组织内部，全面了解掌握项目实施及资金使用等情况，确保资金高效、规范运作。研究出台《顺义区社区社会组织服务（孵化）中心建设指导意见》，加快推进社区社会组织服务（孵化）中心建设，6个街道的社区社会组织服务（孵化）中心全部挂牌。组织召开2016年度社区社会组织负责人培训班，提升服务能力水平，强化专业服务理念。及时制定出台《顺义区社区社会组织联合会管理暂行办法》《顺义区社区社会组织专项支持资金使用暂行规定》等指导性意见，进一步规范了顺义区各街道（镇）社会组织联合会工作。顺义区民政局下发了《关于开展街道（镇）社会组织联合会考核的通知》，对各街道（镇）社会组织联合会进行考核，考核结果将作为奖励扶持及购买服务的重要依据。

不断加强政府购买服务工作。印发《顺义区2016～2017年政府向社会力量购买服务指导性目录》《顺义区政府向社会力量购买服务的预算管理办法》《顺义区政府向社会力量购买服务操作流程》《顺义区政府向社会力量购买服务绩效评价管理办法》《承接政府购买服务社会组织资质管理办法》等文件，初步形成了中央与地方衔接配套、操作性强的政府购买服务政策体系。广泛动员各“枢纽型”社会组织、各街道（镇）社会组织联合会带动各领域社会组织积极参与项目申报工作。2016 年度，共征集 37 家社会组织的 50 个申报项目，涉及社会服务、社会公益服务等多个方面，最终获批复市、区社会建设专项资金购买服务项目 24 个，涉及资金 214. 8 万元，其中市级批复项目 5 个，批复金额 49. 8 万元，区级批复项目 19 个，批复金额 165 万元。

践行社会组织公益理念。2016 年，顺义区秉承“践行公益、服务社会”的理念，广泛动员各类社会组织，积极组织开展“顺义区社会组织公益行”系列公益活动，共征集公益活动 146 项，涉及扶老助残、便民利民、法律援助、安全教育等多个领域。积极开展顺义区社会组织公益服务品牌评选工作，制定并下发了《关于做好顺义区社会组织公益服务品牌评选工作的通知》，共征集区级公益服务活动 56 项，10 个公益服务活动项目成为区级公益服务品牌。在“第三届北京市社会组织公益服务品牌”评选活动中，区志愿者联合会的“青春暖心”活动荣获金奖，京北科技创新推进中心的“爱科技 · i 创新”、80 后义工社的“亲情速递”活动获铜奖。

积极培育专业社工机构。2016 年度继续注重专业社工机构培养，新培育社工事务所 7 家，积极引导专业社工机构树立先进服务理念，运用专业服务方法，开展社会服务。建立社工事务所规范化试点，组织召开了全区社会工作事务所规范化试点工作会，以试点为驱动，积极对专业社工事务所在基础建设、内部治理、队伍建设等方面进行规范。

加强社会组织人才培养。开展相关培训工作。顺义区组织召开了 2016 年社区社会组织负责人培训班，近 200 名社区社会组织负责人参加。举办第八届社会组织人才专场招聘会，吸引 1083 名求职者，达成初步就业意向 192 人，促进了社会组织人才交流。

加强社会组织监督管理。坚持培育发展与监督管理并重的方针，按照“依法登记、分级管理、稳步发展”的原则，形成了具有顺义特色的社会组织管理模式。推进顺义区社会组织自律与诚信建设，出台《北京市顺义区民政局关于社会组织诚信建设方案》，成立顺义区民政局诚信建设领导小组，积极探索社会组织诚信建设思路。按照《北京市社会组织诚信达标标准》，对全区50余家行业协会、商会进行了实地行政指导和诚信建设相关政策解释，并推选出5家社会组织争创市局“诚信建设行”示范单位。联合区教委、残联、体育局等多家业务主管单位开展诚信建设拉网式专项检查工作，采取事先“不打招呼、不发通知、不预留时间”的三不突击检查方式，对社会组织进行综合性行政检查。推动以党建工作促进诚信建设，开展社会组织“两学一做”主题教育培训班，对全区社会组织负责人进行了培训。开展社会组织统一社会信用代码工作，促进社会组织信用信息的交换共享和利用，为政府监管和服务提供支持保障。在全区社会组织中开展创建学习型社会组织活动，提升能力。

（五）社会治理信息化水平提高，深入推进智慧社区建设

截至2016年底，顺义区共有智慧社区96个，其中五星级社区22个，四星级社区35个，三星级社区26个，二星级社区5个，一星级社区8个，创建数占全区社区总数的比例为78%。不断推进社区信息化基础设施建设。除新建小区外，全区社区已基本配齐电脑、投影、电子显示屏等信息化设备，并根据需要逐步进行升级换代。建立了覆盖91个社区的社区网站群，辅以微博、微信、QQ、短信等信息平台，形成了立体式、多层次的网络宣传平台，为及时发布信息、与民互动畅通了新渠道。

启动“互联网+”行动计划试点建设。落实《2016年北京市“互联网+”行动计划》精神，推进“互联网+”智慧社区、社会领

域党建、便民服务等，提升服务管理的信息化水平。以空港街道万科城市花园社区的“互联网＋养老”、石园街道石园东苑社区“互联网＋社区党建”和旺泉街道望泉家园社区的“互联网＋社区管理”模式为试点，推进社会服务管理的信息化、智能化，逐步构建起党务引领、政务延伸、商务便民、社务利民、法务保障“五务一体、主体多元、功能完善、共建共享、融合开放、方便快捷”的社会建设“互联网＋”服务体系，促进服务管理事项在网格化体系中的融合和协调。

持续推进社会领域党建信息化。充分利用微信公众平台、社会领域党建QQ群和商务楼宇博客等信息交流平台，指定专人及时发布更新信息，随时发布最新的政策和各类资讯，为各镇街、功能区、社区和商务楼宇的党务工作者提供最新资讯，做好信息服务工作。进一步拓宽社会领域党建信息化渠道，在博纳顺景影城成立党建电教示范站，影院设立专门的影厅作为活动场所，为基层党组织教育培训、入党宣誓等活动提供场地保障，向非公企业和社会组织党组织及街道和社区党组织中的党团员发放优惠卡，提供优惠服务，为党团员学习交流提供平台。

不断加强网格化体系建设。制定、印发《顺义区加强城市服务管理网格化体系建设实施方案》，确定了“135N”的重点任务：“1”指组建一个专门独立工作机构，负责全区城市服务管理网格化体系建设的统筹、协调、督导和考核工作；“3”指三级信息平台，即建立健全区、街道（镇）、社区（村）三级平台，并实现互联互通、高效运转；“5”指五项基础工程，即建立到边到底、无缝连接的责任网格，建立统一接听、方便群众的热线中心，建立广泛覆盖、高效的视频网络，建立信息全面、更新及时的大数据库，建立专兼结合、分工协作的网格队伍；“N”指多个业务应用，即以三级平台为依托，逐步与各专业部门服务管理业务应用系统对接，实现业务进网、人员进格，多方联动、一体运行。将网格化体系建设作为加强城市服务管理的重要举措列入区“十三五”发展规划。《顺义区“十三五”时期社会治理规划》将网格化体系建设作为一项重要目标任务明确提出，区经信委也将网格化体系建设纳入《“智慧顺义”顶层设计实施方案》及其落地行动计划中，明确了重点建设目标、建设项目、建设周期和建设资金等。按照区委常委会精神，区委组织部、编办等部门加快区智慧城市建设领导小组及区网格化体系建设专门机构的组建，将网格化体系建设作为智慧城市建设的重要内容。确定胜利街道、旺泉街道和南法信镇为“三网”融合建设示范点，确定旺泉街道为标准化建设示范点。充分利用市级专项资金，采取统一标准、统一建设的模式，为全区27个试点社区（村）开设微信公众号，并全部上线运行。部分单位和街道（镇）开展了网格化相关重点项目建设。

（六）公共安全体系建设不断完善

加强安全生产。全区大力实施安全发展战略，紧紧围绕落实“四化三体系双基”总任务，通过出台党政同责、一岗双责等管理办法，对全区各行业、各属地“定责明责”，实施企业分类分级监管，落实安全生产责任体系五级五覆盖。以“一企业一标准，一岗位一清单”的隐患排查治理为核心，突出企业风险点和危险源辨识，引入政府购买服务的方式，从严从实开展标准化创建评审，建立属地、行业、区级核查与市级核查相互联动的核查机制，落实企业黑名单制度，增强企业落实主体责任的内在动力，强化企业安全生产标准化创建效果。截至2016年12月，全区一级达标企业18家、二级198家、三级1526家、微型岗位达标8879家，标准化创建达标率为100%。优化隐患排查信息化平台，结合企业安全生产条件普查，充实完善企业安全生产信息数据库，依托系统强化企业隐患排查治理自查、自改、自报的闭环管理，实现安全生产全流程、精细化监管。推行安全生产责任保险制度，明确标准化创建企业安责险费率调整标准和办法。开通纵横安全教育在线平台，采取线上教育与线下培训相结合的方式，强化企业全员教育培训。顺义区安委会办公室联合区政府督查室对“安全生产大检查”工作进行立项督办，建立覆盖30家属地和26个主要行业部门的督办机制。积极发现和培养隐患排查治理工作的典型企业，总结先进做法，抓两头带中间，形成学习典型、超越典型的互帮互学局面。

做好人口调控工作。全面开展人房信息“四查”工作，把人口倒挂村、新建小区、回迁小区、建筑工地等薄弱环节作为重点，开展基础信息摸排工作。截至2016年11月底，全区共登记流动人口321000人，在顺义区居住工作的本市其他区人口29401人。落实“以房管人”，不断深化出租房屋规范化管理工作。持续推进群租房、违法出租等专项整治，重点开展城乡接合部重点地区综合治理。

食品药品安全总体状况良好。在全区范围开展食品药品统一监测工作，截至2016年12月底，共抽检食品药品样本14490个，其中，抽检食用农产品样本2381个，合格率为100%；抽检食品样本12109个，其中蔬菜、猪肉、大米、小麦粉、食用油、豆制品、蛋及蛋制品等市级重点食品监督抽检合格率为99.6%；抽检药品、医疗器械样本904个，合格率为99.7%，其中药品监督抽检合格率为99.5%；抽检化妆品样本90个，合格率为98.88%。2016年全区未出现食品药品大案要案、未发生较大食品药品安全事故。加强网格化监管科技手段建设，提升信息化水平，对辖区各类食品药品监管对象的基础数据进行整合、统计和动态监控，实时发布、规划、提示和督促各类监管任务，为网格执法人员开展日常监管巡查工作提供参考，最终实现监管底数清、问题能发现、事态能控制、信息能反馈、监管留痕迹的目标。在天竺镇试点建设食品药品安全远程监控系统、在南法信镇试点推进10家药品零售企业远程电子监管。继续推进社区食品药品监

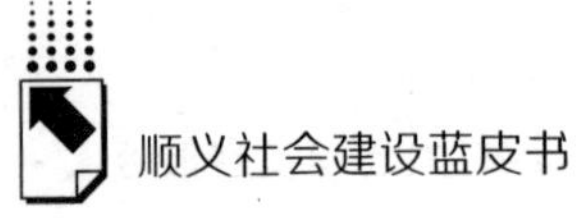

测站点建设，2016 年新增 20 家商场超市监测点、10 家市场监测点。积极动员公众力量，开展食品药品安全宣传教育活动，引导社会共治。

强化社会治安。对实有人口、110 警情、刑事发案率及突出的治安问题等进行深入分析，全力推进“一村（格）一警”工作，提高见警率。不断优化群防群治力量人员结构，加大群防群治工作力度。以巩固完善基层基础建设为重点，强力推进社会治安防控体系建设，全面强化人防、物防、技防建设，2016 年为全区 122 个社区配备电动巡逻车 398 辆，完成更换安全锁芯 15016 把。

推动防灾减灾工作。开展防灾减灾知识宣传，将防灾减灾知识和自救互救技能宣传到群众中去。组织全区 568 名灾害信息员开展手机移动报灾培训，提升基层灾害信息员防灾减灾意识和统计报灾能力。投入 190 万元为行政区域内群众免费投保“行政区域自然灾害意外伤害险”。储备 21 项救灾物资总计 2.3 万件，价值约 650 万元，可保障 2000 人应急救助需求。

提高社区（村）消防能力。2016 年，全区累计投入资金 2870 余万元，建成社区（村）微型消防站 455 个，并安装独立式火灾报警器 81000 余个，符合微型站建设条件的 257 家重点单位也已全部建成。在每个村、社区都组建了消防志愿者队伍，每个微型消防站配备 8～10 名消防志愿者，并实施轮番值班制度，做到出现火情一个电话志愿者就能立即到位，参加救火。

综合减灾社区建设不断推进。各社区采用多种形式开展防灾减灾知识、技能宣传及防灾减灾培训演练，使居民了解防灾减灾知识，提高避灾自救互救技能。胜利街道怡馨家园第一社区、光明街道滨河小区第二社区被国家减灾委员会、民政部联合授予“2016 年度全国综合减灾示范社区”荣誉称号。

加强城管执法工作。以整治无照经营、露天烧烤、非法小广告、店外经营、堆物堆料、白色污染和生活垃圾、户外广告牌匾、施工现场和泄漏遗撒等街面秩序问题为核心，以“五个三”专项行动和百日专项行动为主线，持续严厉打击各类违法行为，成效显著。持续开展“降三尘”行动，全面做好大气污染防治工作。持续开展“治三乱”行动，全面净化街面环境秩序。持续开展“严三查”行动，全面提升城市市政公共安全。持续开展“抓三清”行动，全面优化外立面空间环境秩序。全面履职，大力开展联合督导检查和“四公开、一监督”工作。积极推进城市环境管理综合执法改革，2016 年，完成了顺义区城市环境委办公室组建工作，试运行综合执法模式，协调公安、住建、规划、交通、园林绿化等成员单位开展综合执法，集中解决了澜西园露天烧烤、马坡佳和宜园环境脏乱差等一批群众关注，举报高发的环境秩序问题。

积极推动矛盾化解。顺义区处理信访突出问题及群体性事件联席会议更名为顺义区信访工作联席会议，完善了区总工会、人力社保局、司法局、信访办、法院五方联动工作机制，进一步明确职责，推进信访与人民调解、行政调解、司法调解的联动工作。2016 年以来共召开信访问题联席会议 12 次，积极协调职能部门，化解处置各种社会矛盾。定期开展积案清理工作，积极组织全区各单位及属地认真梳理本部门、本辖区内的重点信访隐患，开展信访积案清理活动。建立健全信访积案化解工作机制，针对群众反映强烈的热点难点问题，从政策层面研究化解措施，解决群众的实际困难。坚持源头预防，提前预判，事前处理的原则，有效预防和减少矛盾纠纷的发生，做到“早发现、早解决”。落实重大事项社会稳定风险评估责任制，涉及重要事项的责任单位实现了应评尽评。顺义法院立案庭诉前高效化解矛盾纠纷，建立了诉非衔接中心，形成了 4 组由“1 名法官 +2 名人民调解员 +1 名书记员”组成的团队打造的先行调解、速裁审判与快速转审无缝对接全流程纠纷化解模式，将立案阶段化解纠纷的平均结

案时间缩短到5天。顺义法院被确定为全国多元化纠纷解决机制改革示范法院。

（七）社会领域党建不断加强

2016年，顺义区社会领域党建以基层服务型党组织建设为抓手，扎实推进社区、社会组织、非公经济组织等领域党建工作，集中推进非公企业和社会组织“两个覆盖”和社会组织党建三年行动计划的任务落实。

进一步理顺管理体制。制定《关于进一步加强全区非公有制企业和社会组织党的建设工作方案》《顺义区非公有制经济组织和社会组织党建工作联席会议制度》等制度性文件，构建区委统一领导、区委组织部牵头抓总、区委社会工委具体指导、全区各有关部门结合职责协同推进、各街道（镇）兜底管理的非公有制企业和社会组织党建工作格局。区委组织部、区委社会工委、区民政局、区工商分局建立联动机制，研究重点任务，明确推进措施，制定非公有制企业和社会组织党建工作任务分解方案，24家区直部门、3个园区、25个街道（镇）组成区级非公企业和社会组织党建协调机构，形成联席会议机制，细化部门职责任务，着重强化登记部门优势，加快推进社会组织和非公企业党组织建设，发挥好引领、带动、扶持作用。通过联席会议，对推进非公企业和社会组织“两个覆盖”工作进行动员部署。开展社会领域基层党建工作述职评议考核，121个社区党组织书记以及298个非公企业和社会组织党组织书记全员进行2016年度党建述职，社会领域党组织书记抓基层党建工作的主体责任进一步夯实。

深入开展“两学一做”学习教育活动。制定下发《关于在全区非公有制企业和社会组织党员中深入开展“两学一做”学习教育的通知》，对在全区非公有制企业和社会组织党员中开展“两学一做”

学习教育的总体要求、重点解决的问题、学习教育内容做出了明确要求，突出问题导向，做好关键动作。区委社会工委建立了由下至上、逐级畅通的信息反馈和分析报告制度，即时报送信息，定期听取汇报，开展研究分析，推广先进经验。借鉴党的群众路线教育实践活动和“三严三实”专题教育的成功经验做法，依托党员日常教育管理制度，融入经常性学习教育。以开展“两学一做”学习教育为契机，各社会领域党组织开展了党费收缴专项检查工作。各街道、社区党组织对“两学一做”学习教育思想上重视，部署上到位，措施上有力，学习教育活动进展顺利，取得了较好成果。

加强社区党建工作。切实加强党员的日常教育管理工作，深入落实联系服务群众制度。深入开展社区“三级联创”活动，树立典型，加强宣传，进一步增强社区党组织的战斗力和凝聚力，提升社区党组织的党建工作水平，提高社区党组织服务群众能力。“在职党员回社区”活动深入开展，使在职党员真正融入社区管理和服务。积极推动社区党建创新，各社区创建了一系列党建服务品牌。

加强社会组织党建工作。区委将社会组织党建作为重点党建任务，纳入全区党的建设总体规划，不断推动形成“党委统一领导、党建部门牵头抓总、民政部门指导协调、主管单位具体落实”的工作格局。在区级层面推动建立了社会组织党委，明确以社会组织党委为龙头，积极探索以党建促管理的工作思路，通过单独建、联合建、行业建、孵化建或建立“功能型”党组织等形式，加强社会组织党组织孵化培育和组建指导。积极推动落实社会组织党建“两个同步”工作。加强社会组织党务工作者培训，不断提升能力。

推进非公经济组织党建工作。加强非公企业党员教育管理，加大非公领域党员发展力度。做好非公党建指导员选（续）聘工作，2016 年共聘用了 39 名业务能力过硬、作风扎实、素质优良的离退休老干部，直接指导非公企业党组织开展党建活动，进一步增强了非公企业党组织的凝聚力和战斗力，同时帮助未建立党组织的非公企业尽快建立党组织。制定《非公经济组织党建工作“星级达标”考评办法》，推动全区非公经济组织党建工作常态化、规范化。在胜利街道建立全区首家以非公企业、流动党员为服务对象的非公党建文化活动中心，为企业、流动党员开展党建的各项工作和活动提供了有力的组织保障和阵地保障。

开展区域化党建工作。全区 6 个街道均已成立党建工作协调委员会，形成了驻区单位、非公有制经济组织和社会组织党组织、社区党组织负责人和党员群众代表共同参与的区域化党建工作格局。强化区域统筹，将区域化党建工作与街道管理体制改革、网格化社会服务管理体系建设、社区共驻共建、在职党员回社区等重点工作进行对接，并将社会服务管理创新指标作为协商确定区域化党建工作项目和服务任务的重要参考，把非公有制企业、社会组织党建工作作为重点进行突破。按照“一街道一特色”“一社区一品牌”的工作要求，合力打造一批学习型、服务型、创新型的区域化党建工作特色品牌。

开展基层服务型党组织星级创建活动。按照《关于开展基层服务型党组织星级创建活动的实施方案》要求，在社区、非公企业、社会组织党组织中，扎实开展“六星”基层服务型党组织创建活动，把健全党的组织生活制度，按时开展“三会一课”，严格落实民主集中制等内容列为基层服务型党组织星级创建的重要指标，推动了全区社会领域党建工作常态化、规范化，进一步提高社会领域党建工作整体水平。将加强基层服务型党组织建设情况作为领导班子和领导干部工作实绩评定的重要依据、列为基层党建述职和“三级联创”的重要内容，推动活动持久深入开展。按照“成熟一批、评定一批、带动一批”的原则开展创建活动，变集中评审为长效推进机制。完善奖励激励机制，设立基层服务型党组织专项支持资金，对做法突出、创新力度大、实效性强的党组织进行奖励。2016 年全区各领域共评审出90个“六星”基层服务型党组织和20个“星级晋升先进基层服务型党组织”，并在“七一”大会上进行表彰宣传，给予每个受表彰的基层党组织5万元的资金支持，切实激发基层党组织的积极性和主动性，有效推动基层党组织进一步落实服务功能、强化政治功能，充分发挥战斗堡垒作用。

二 2016年顺义区社会建设存在的不足

（一）社会治理的自觉性有待进一步增强

社会治理与社会管理有许多相同之处，但两者也有很大的区别。社会治理的主体是多元的，不是政府一家主体去治理，而是充分发挥社区自治组织、社会组织、社会单位和广大群众的作用，共同推进社会治理。当前，全区干部和社区工作者虽然在社会治理方面进行了一些探索，但有些干部和社区工作者还存在社会治理的自觉性不强、不善于转变思想观念、不善于发动群众的现象，还是习惯于按老办法大包大揽亲力亲为去解决社会治理中存在的问题。

（二）社会组织实力有待进一步强化

顺义区社会组织虽然发展较快，但大多数社会组织仍处于初创阶段，专业人才少、服务能力有待进一步提高。尽管近年来加大了对社会组织的扶持力度，但资金不足仍是影响各种社会组织发挥作用的共性所在，社会组织缺乏自我造血功能。不少社会组织由于缺少经济来源，开展活动较少、人员待遇较低、活力不足。社区社会组织虽然数量众多，但大多是自益型、互益型的，公益型的比例有待于进一步提高，社区社会组织提供的社区服务项目与社区居民实际需求之间有一定差距。

（三）参与意识有待进一步提升

居民社区建设和活动参与度不高，参与社区活动的多为老年人，年轻人和在职人员参与少。基层协商有待进一步增强。志愿者服务的常态化建设也有待进一步加强。一些社会单位对参与社会治理的意义认识不足，参与度不够。

（四）网格化体系建设水平有待进一步提高

虽然顺义区三级网格体系已基本形成、全面覆盖，但是网格体系在规范化建设方面，仍存在较大的差距。在内容上，基础数据库还不完善，人、地、事、物、组织等各类基础数据，存在着不全面、不精准、不及时、不一致等问题。在社会服务项目上，社区便民服务、社会组织服务、专业社工服务、社会领域党建服务、社会公益服务等事项的梳理不够细致。在标准制定方面，出台的《关于网格化社会服务管理体系建设的实施意见》虽对资源整合、模块建设、网格划分、网员配备、责任落实、考核办法等有所规定，但总体定性较多、定量较少，标准化程度不高，网格化融合的程度比较低。在工作机制方面，城市服务管理网格化体系建设整体工作缺少强有力的统一领导和协调机构，影响了工作合力的凝聚和推进步调的协同。在考核机制方面，网格化服务管理体系建设没有充分地纳入对各镇、街道和职能部门的考核内容上来，考核标准、考核办法及考核结果的运用等制度亟待建立健全。网格化社会管理创新指标体系如何在考核上发挥作用也在试点探索之中。

（五）社会领域党建有待进一步加强

“在职党员回社区”活动有待进一步深入，参与度有待进一步加强。社区流动党员的教育管理方式方法有待进一步创新。非公有制经济组织和社会组织党建工作在一定程度上还存在认识不够到位的问题，一些非公有制经济组织存在重业务经营、轻党建开展的倾向，对党建工作重视和支持力度不大。非公有制经济组织和社会组织党建工作的基础还不够扎实，党员流动性较大，党员教育管理难、开展活动难的现象还不同程度地存在。部分非公有制经济组织和社会组织的党建品牌有待进一步打造。

三　进一步推进顺义区社会建设的对策建议

（一）进一步提升社会治理的自觉性

在全区干部和社区工作者队伍中加强社会治理的专题培训，深刻领会社会治理的精神实质，以学习转变思想观念，进一步提升社会治理和服务创新的自觉性，充分发挥社会各方面的力量，共同推进社会治理，形成“党委领导、政府主导、社会协同、公众参与、法治保障”的社会治理新格局。

（二）加强社会组织建设

增强社会组织反映群众诉求、提供社会服务、参与社会治理的能力，支持引导社会组织参与社会管理和公共服务。加大政府购买服务力度，支持社会组织的发展。分类开展社会组织负责人的业务培训，推动社会组织工作人员的专业化、职业化。进一步在社会组织中培育社会企业，提高社会组织自我造血能力。通过“三社联动”等手段，推动社区社会组织从“自益”“互益”向“公益”转型发展。积极引导社区社会组织在社区居委会指导下参与社区各项建设，形成社区自治合力。充分发挥社区社会组织孵化中心的作用，着力培育一批满足社区居民各类需求的社区社会组织。大力倡导社会组织开展诚信自律活动，提高社会组织的公信力和影响力，传递正能量。

（三）进一步提升治理主体的参与意识

通过相关宣传和教育活动，提升群众参与社会治理的素质与能力，引导社区居民主动参与社区治理，激发参与社区事务热情，增强社区认同感。健全社区居民会议和社区居民协商议事会议制度，不断拓展社区居民参与社区治理的渠道，为社区居民参与社区治理创造条件，开展多领域、多层次、多渠道的基层民主协商。完善共驻共建机制，促进社会单位参与社区建设，有效整合资源。扩大公众志愿参与，推动社会志愿服务常态化，形成良好的志愿服务氛围。

（四）提升网格化体系建设水平

强化顶层设计，加大各部门的统筹力度，提升网格化建设规范化水平。加快组建城市服务管理网格化体系建设专门机构，建立领导小组联席会议，完善考核机制，加大对网格化服务管理体系建设的全面谋划、统筹协调和推进力度。按照“总体规划设计、统一基础平台、预留模块端口、分步实施建设”的工作思路，加快城市管理二期和社会治安防控、安全生产管理、社会保障、组织建设、社会事业、市场秩序监管、其他社会服务管理监管等模块建设，推进“三网”在形式和内容上的深度融合，提升全区的城市服务管理网格化体系建设水平。深化试点工作，努力在规范化、融合化方面，抓出新的典型、新的经验，发挥典型的示范带动作用，全面推进城市服务管理网格化体系建设。

（五）进一步加强社会领域党建工作

进一步发挥在职党员在社区建设中的作用，把在职党员在社区中的表现及时反馈给其所在单位，提高在职党员参与社区活动的积极性。加强领导，建立健全非公有制经济组织和社会组织党建工作责任制，站在全面加强党的领导、全面从严治党的政治高度，提高对做好非公有制经济组织和社会组织党建工作的思想认识。进一步加强调研及政策支持、分类指导，解决非公有制经济组织和社会组织党建工作中存在的具体问题。把党组织活动融入非公有制经济组织经营和社会组织执业过程，积极探索非公有制经济组织和社会组织的组织覆盖、规范化、制度化等新模式、新机制，发挥“互联网 +”在社会领域党建创新中的作用。进一步创新非公有制经济组织和社会组织开展党建活动的方式方法及党员教育管理模式。加强专职党务工作者队伍建设和党建指导员队伍建设，健全教育培训体系。加大投入力度，在人力、物力和财力上不断向社会领域党建工作倾斜。进一步挖掘和树立先进典型，打造品牌，发挥典型的示范带动作用，推进非公有制经济组织和社会组织党组织作用的发挥。

分 报 告

Subject Reports

B.2 2016年顺义区社会治理体制机制发展报告

马仲良　聂冬妮　仇凤荣*

摘　要：2016年，顺义区大力推进政府精简瘦身，深入推进城市管理综合执法体制改革、推进政务服务标准化。编制并发布实施《顺义区"十三五"时期社会治理规划》，加强全区社会治理顶层设计。出台《顺义区街道管理体制改革工作方案》，深入推动街道管理体制改革。推进依法治理、以德治理、依学治理的结合。以顺义区网格化社会服务管理创新指标体系，来提升社

* 马仲良，北京市社会科学院原副院长、研究员，现任中关村长策产业发展战略研究院院长；聂冬妮，顺义区委社会工委委员、区社会办副主任；仇凤荣，顺义区社会组织服务管理中心主任。

会服务管理工作的精细化水平，弥补体制机制上的薄弱环节。

关键词：顺义　社会治理　体制机制　依法治理　以德治理　依学治理

社会治理体制机制涉及社会治理的长期性、根本性问题，顺义区通过推进社会治理体制机制创新，不断完善治理体系，创新治理方式，社会治理水平进一步提升，推动了全民共建共享的社会治理格局的构建。

一　加快建设服务型政府，推动政府治理体制改革

顺义区大力推进政府精简瘦身，整合多头管理职责，调整组建政务服务、机关后勤服务、外事外联服务三大服务平台。围绕统筹推进新城建设、提升城市品质，重新明确新城管理机构的职能定位，建立主体清晰、权责明确、运行高效的新城建设管理体系。以建设“有限、有为、有责、有效”的“四有”型政府为目标，探索责任清单和权力清单，理顺权责关系。制定实施《关于建立区政府部门权力清单责任清单制度》，在顺义区人民政府门户网站上向社会公布6659项权力事项，接受社会监督，其中：行政许可类179项、行政处罚类5319项、行政确认类84项、行政强制类99项、行政征收类15项、行政给付类57项、行政检查类294项、行政奖励类73项、行政裁决类4项、其他类535项。同时公布的还有15项区政府共性权力事项和114项通用责任事项。积极落实关于行政审批制度改革的要求，2016年取消10项行政审批事项，全面清理75项非行政许可审批事项。

深入推进城市管理综合执法体制改革。设立城市环境管理执法委员会和市场监督管理执法委员会，街道（镇）层面建立综合执法指挥中心，加大环境管理、市场监管和维护市场秩序力度。出台《违法建设代缴费用追缴办法》等一系列举措，全面提升城市精细化管理水平。深化行政执法体制改革，着力解决权责交叉、多头执法问题。探索建立行政执法信息服务平台，提升行政执法效果。建立重大行政执法备案制度，完善政府法律顾问制度。

推进政务服务标准化。出台《顺义区推进街道（镇）政务服务标准化建设工作实施方案》，进一步健全完善全区政务服务体系，通过建立标准化机制，优化标准流程，完善标准实施，强化标准监督，探索政务服务标准化管理新模式，进一步推动政府职能转变，创新社会管理，提高政务服务水平，建立“审批事项少、审批流程优、审批时限短、审批效率高”的三级政务服务标准化体系，提高政务服务质量和服务效率，切实转变政府职能，实现政务资源对接，统筹推进全区街道（镇）及村（社区）标准化建设工作，促进审批服务标准化、办事制度标准化、服务模式标准化、服务设施标准化。

二　制定《顺义区“十三五”时期社会治理规划》，加强全区社会治理顶层设计

编制并发布实施《顺义区“十三五”时期社会治理规划》，在规划编制时密切关注国家及市关于社会治理的最新动态，确保提出的各项措施符合新形势要求。规划编制结合顺义区情，深入落实“把握发展的阶段性特征、推动经济社会转型升级”工作总要求，紧紧围绕落实“港城融合的国际航空中心核心区、创新引领的区域经济提升先行区、城乡协调的首都和谐宜居示范区”的功能定位，加强规划内容的针对性、前瞻性和可操作性。

《顺义区“十三五”时期社会治理规划》明确了“十三五”期间社会治理的指导思想、发展目标、重点任务和实现路径。重点任务方面包括：创新社会治理，完善社会治理体系；健全基层协商机制，提升社区治理能力；培育多元治理主体，激发社会组织活力；完善社会动员机制，提升社会协同能力；加强信息化建设，推动社会治理现代化；加强社会领域党建，提升党建科学化水平等。在“十三五”推进全区社会治理中，推动依法治理、以德治理、依学治理相结合，体现顺义特色。《顺义区“十三五”时期社会治理规划》是新时期顺义区加强和创新社会治理的行动指南。

三　深入推动街道管理体制改革，全面提升街道社区服务管理水平

空港街道管理体制改革试点正在积极推进，为以街道管理为基础的城市管理体制改革做出综合探索。2016 年出台了《顺义区街道管理体制改革工作方案》，全面启动顺义区街道体制改革工作。《顺义区街道管理体制改革工作方案》从九个方面推进顺义区街道体制改革工作：一是改革区划管理，明确街道管辖范围；二是改革街道办事处工作职能；三是改革街道机构设置；四是改革街道资金保障机制；五是改革街道办事处统筹执法机制；六是改革街道党组织工作机制；七是改革街道办事处社会动员机制；八是改革完善社区治理体系；九是改革提升社区治理能力。根据《顺义区街道管理体制改革工作方案》要求，出台了《顺义区街道机构改革方案》《顺义区街道经费保障和管理机制实施意见》《顺义区社区工作者管理办法》和《顺义区关于调整社区工作者待遇保障实施方案（试行）》等文件，加强顶层设计，着力提升群众在城市化过程中的幸福感和获得感。

《顺义区街道机构改革方案》要求充分发挥街道在城市管理中的

基础性作用，着眼于增强街道的统筹管理、协调监督、组织服务、社会动员等能力，建立职能清晰、权责一致、运转顺畅、保障有力、依法高效的管理和服务平台。《顺义区街道机构改革方案》提出完善街道职能定位，街道重点承担加强区域党建、统筹辖区城市管理、组织综合执法、开展公共服务、指导社区建设和加强社会治理等职能，不再承担不适合的经济职能和专业管理职能。文件提出优化机构设置，街道党工委与街道办事处合署办公，根据职能定位，街道机关内设机构统一设置为7个，包括办公室、党建工作科、城市建设管理科、公共服务科、社区建设科、综治维稳办公室（安全管理科、信访办公室）、财务保障科等。同时，各街道统一设置3个相当于正科级事业单位（公益一类），包括公共事务受理服务中心（社会保障事务所、住房保障事务中心）、社区服务中心、网格化综合管理中心等。各街道根据地域面积、人口规模和管理任务，重新核定街道行政、事业编制。

《顺义区街道经费保障和管理机制实施意见》旨在进一步深化街道预算管理，理顺街道与各区级主管部门承担的事权与支出责任，充分发挥街道、社区在城市管理中的基础性作用。文件提出明确管辖范围，实现责权对等、保障到位，按照实际情况核定财政保障机制，提出五个方面的目标：一是完善街道经费保障方式，加大财政保障力度；二是厘清部门条块关系和支出责任，明确保障范围，促进财权与事权的匹配；三是优化街道经费使用导向，落实重心下沉的要求，确保经费向基层和重点项目倾斜；四是规范街道经费预算管理，促进街道社区公共服务均衡化，提高资金绩效；五是加强街道财务管理，夯实基层财务管理基础。

《顺义区社区工作者管理办法》主要从六个方面对全区社区工作者管理进行了确定：一是明确基本职责；二是明确产生方式；三是明确管理制度；四是明确福利保障制度；五是明确考核评议制度；六是明确罢免与解聘制度。通过明确职能定位、理顺待遇保障机制、细化日常管理规范，实现“加强管理”与“完善保障”并行，保障全区社区工作者队伍既能“干得了事”，又能“留得住人”。

《顺义区关于调整社区工作者待遇保障实施方案（试行）》从四个方面对社区工作者待遇进行了明确和规范。一是明确了规范工资待遇后的实施群体范围，即在社区党组织、社区居委会和社区服务站专职从事社区党的建设、社区居民自治、社区管理和服务，并与街道（镇）签订服务协议的工作人员；二是明确了“社区工作者总体待遇水平按照上一年度全市职工平均工资90%的标准进行动态调整”的机制，规范了社区工作者工资结构及对应的工资标准；三是明确了探索设置社区工作者专项事业编制和探索研究优秀社区居委会主任（党组织书记、服务站站长）进入行政编制，进一步激发社区工作者的工作积极性和主动性；四是明确了社区工作者退休后纳入社会化管理，按照国家规定享受退休待遇，并明确了在社区居委会、社区党组织中全职从事社区工作的退休人员，只享受岗位津贴和生活补贴两项补贴。

四 加强普法宣传，推动依法治理

全面启动实施“七五”普法，起草制定依法治区建设规划、法治顺义建设规划。进一步固化“村居法律顾问制度”，开展村居法律顾问续约、名录制作、考核、补贴工作，2016年全区121名“村居法律顾问”累计服务天数达6965天，开展法制讲座4060场，提供法律咨询59563人次，代写法律文书1817件，提供法律援助1566件，修订完善村（居）规民约407件，提供法律意见和建议1343件。

积极推动法治宣传教育工作转型升级，分批次推进法治宣传阵地建设。运营河北村青少年法治实践基地、汉石桥生态保护等5个区级普法阵地；建设双丰街道新马家园社区等2个区级普法阵地、牛山小区等7个村居级法治宣传阵地；确定25个街道（镇）法治宣传教育基地。

各部门深入推动依法治理。区城管执法监察局建立健全机制，深入推进法制部门提早介入重大案件调查审核制度，源头避免执法程序、执法依据、处罚幅度等方面出现问题。区信访办坚持“法定途径优先”原则，进一步厘清信访职能边界，准确把握信访职能定位，运用法治思维和法治方式推进信访问题解决。强化诉访分离，依法对涉法涉诉信访问题进行剥离，做好信访、行政、司法事项的判别工作，依法推进信访事项“三级终结”，引导群众通过法定途径反映诉求。依法规范信访复查复核工作，避免非信访事项进入信访程序。

五　加强道德建设，推动以德治理

制定下发《关于开展顺义区和谐家庭标兵、和谐家庭、特色家庭创建活动的实施意见》，以传承文明家风为主线，着力开展和谐家庭、特色家庭创建活动，全区涌现出4户“全国五好文明家庭”、43户“首都最美家庭”、4269户区级和谐家庭、特色家庭。连续两年开展顺义“好邻居”评选活动，征集并推出了100对“好邻居”，进行隆重表彰和奖励，推动邻里和谐良好风尚的形成。以“兴文明家风传家庭美德”为主题举办顺义区第二届“家庭文化节”，开展开幕展示、才艺展演、家风故事汇、家风家训展示、环保手工作品展、“我家的故事画给你看”绘本展示等系列家庭文化活动。通过各项活动的开展，展示家庭风采，弘扬家风文化，带动全区广大家庭成员践行社会主义核心价值观，激励全区广大家庭树家风传美德。

开展第六届顺义区道德模范评选活动，全区广泛发动，自下而上，层层举荐，把举荐过程变成宣传典型、学习典型，推进市民思想道德建设的过程。2016年，各街道（镇）、各系统集中推荐了196名优秀人物，从中选取了30名候选人组织拍摄专题片、编辑小故事，利用电视台、电台、网络、报纸和微信进行集中宣传，160万人次的市民群众参与投票、点赞。举行道德模范评选表彰活动颁奖典礼，公开命名和表彰10名道德模范，分别是“助人为乐”道德模范王毅伟、任永阳，“见义勇为”道德模范陈磊、苏志顺，“诚实守信”道德模范郭维健、张井华，“敬业奉献”道德模范罗文江、霍岗伟，“孝老爱亲”道德模范王春香、方惜。

以村（居）规民约为抓手，用核心价值观引领制约定规，把核心价值观倡导的价值理念融入村（居）规民约，使村（居）民在履约遵规中潜移默化地践行了核心价值观，同时建立执约机制，提高村（居）规民约的权威性和约束力。顺义区426个村、105个社区全部制定了通俗易懂、便于记忆的村（居）规民约。龙湾屯镇柳庄户、焦庄户作为顺义区首批8个“以村规民约为抓手，创新基层协同共治模式”改革的试点村，按照“党委领导、村民参与、因地制宜”的思路，通过“三下三上”，探索制定符合村情民意的新村规民约，柳庄户与美丽乡村相结合，焦庄户与红色基地、民俗旅游等相结合，进一步强化执行措施，使村规民约真正成为村民自治的重要保障。新修订的村规民约做到了少而精，具有较强的针对性和可操作性，同时注重加强宣传与监督检查，避免村规民约流于形式。两个村除了将村规民约上墙外，还印制了村规民约手册，柳庄户还将村规民约葫芦烙画以及印有村规民约的精美镜框发放到各家各户，这些物件不仅成了新颖的家庭装饰，还便于村民时刻牢记村规民约并外化为行动。

2016年，全区在典型选树方面，评选出中国好人15人；首都道德模范2人、道德模范提名奖3人；北京榜样年度人物1人，年度人物提名7人，周榜样17人；北京临空经济核心区管理委员会、国网北京市电力公司顺义供电公司、顺义区地税局成功创建全国文明单位。此外，牛栏山镇被评为全国文明镇；赵全营镇北郎中村、马坡镇石家营村被评为全国文明村；17人获“首都文明单位标兵”荣誉称号，53 个单位获“首都文明单位”荣誉称号；11 个镇被评为首都文明镇，75 个村被评为首都文明村，24 个社区被评为首都文明社区。

空港街道誉天下社区建成国学文化长廊，国学文化长廊依托小区围墙打造国学文化阵地，把国学经典、社会主义核心价值观和社区文化有机结合，营造积极向上的社区氛围。国学文化长廊在小区西侧围墙沿线，内容分为“核心价值观”“道德讲堂”等版块，并结合小区道路，名言警句屏风、少儿诵读雕像、六块宣传板以宣教结合的形式，将国学经典内容一一展现，构建起内容丰富的国学长廊。国学文化长廊的落成，不仅美化了社区环境，而且以独具特色、图文并茂的方式，使居民潜移默化地接受了传统国学文化熏陶和社会主义核心价值观教育，为建设和谐社区、倡导精神文明增添了一个崭新的展示窗口。

六　加强学习型城市建设，推动依学治理

区委区政府出台《关于加强“十三五”时期学习型城市建设的意见》，加强学习型城市建设的顶层设计，通过学习型城市建设全面提升市民素质。持续推进顺义学习网建设，数字化学习管理服务平台建设实现突破，开发顺义学习网手机 APP 客户端，开通网站的微博、微信和头条号，形成了“一网多终端”网站运行新格局。截至 2016 年 12 月底，顺义学习网拥有注册用户达 63000 余人，点击总量突破 1000 万。以社区教育中心为龙头，以 25 所街道（镇）成人学校为骨干，以 502 所村（居）社区学校为基础，建成三级纵向社区教育网络。顺义区被评为“全国社区教育示范区”“全国数字化学习先进区”。大力开展各类社区教育培训，全年计划开展新市民文化素养提升培训 500 余场，开发新课程 30 余门。开展“好家长”家教知识培训，促进社区教育与基础教育融合发展。加强社区教育教师队伍建设，引导教师走进社区，服务社区。加强市民终身学习服务基地建

设。建设区级市民终身学习体验中心综合楼，为各镇、街道配备体验教室，开设摄影、手工、园艺等多样化体验项目。开展“亲子活动”项目，为社区驿站建设绘本馆，组建领读者队伍，推动顺义地区儿童阅读发展。组织实施“绿港书香”全民读书活动和全民终身学习活动周。与大学开展广泛合作，学历教育参加人数达到万人以上。进一步完善“兴农讲堂”学习品牌，年培训农民6000余人次，有效促进农业技术应用和农业管理现代化。深入推进学习型组织建设，开展多层次、多形式的系列培训活动，培育和宣传各类创建典型，重点加强示范企业基地建设。

开展顺义区市民终身学习示范基地评选工作，评选授牌社区教育中心、七彩蝶园、汉风耕读苑等10家单位为顺义区首批市民终身学习示范基地。成功举办顺义区学习型城市建设成果展示与经验交流活动，推出三个数字化学习示范单位，分别为汉风耕读苑、马坡镇石家营村和顺义供电公司。汉风耕读苑是北京市中小学社会大课堂实践基地，也是顺义区首批市民终身学习示范基地。马坡镇石家营村作为首都文明村，在新型城镇化进程中坚持以人为本，开展新型职业农民培训，提升村民文化素质和文明程度。顺义供电公司作为全区学习型企业示范单位，重点展示在推进学习型组织建设、培养职工创新能力和工匠精神、职工素质提升等方面的新做法和新成效。

七　继续推进指标体系试点工作，不断创新体制机制

顺义区从2011年12月开始制定社会服务管理创新指标体系，于2012年出台了《顺义区网格化社会服务管理创新指标体系实施办法》等一系列文件。顺义区网格化社会服务管理创新指标体系以指标为导向，以不同权重为杠杆，重在收集基础信息、反映群众需求、发现报

告问题、排查化解矛盾、协助解决问题，动员公众参与社会管理与服务。顺义区网格化社会服务管理创新指标体系分为“推进社会服务”“深化社会管理”“扩大社会动员（含社会领域党建）”“构建社会和谐”“促进社会文明”五个领域，考核范围包括各职能部门、镇、街道、功能区。顺义区社会服务管理创新指标体系建设的目的是提升社会服务管理工作的精细化水平，弥补体制机制上的薄弱环节，打破部门间的壁垒，调动全区各单位参与社会治理的积极性，解决人民群众最关心、最直接、最现实的民生问题，实现问政于民、问需于民、问绩于民，促进社会的和谐与稳定。指标体系实现的途径是通过征集人民群众需要解决的现实问题，将这些问题形成一个个可衡量、可量化的指标，指标向社会公布后，由全区各单位和人民群众监督落实。落实的效果怎么样，由单位自评和群众评价来衡量。其中，单位自评占40%，群众评价占60%，充分发挥群众评价政府工作的主体作用。2016年11家试点单位在2015年指标体系试点工作的基础上，围绕本单位核心任务、单位职责和群众需求共确定主责指标101个，涉及配合单位41家，配合指标333个，已全部录入系统，并完成每季度的数据确认。

B.3
2016年顺义区保障和改善民生状况发展报告

马仲良　谢启辉*

摘　要：2016年，顺义区坚持就业优先战略，提高城乡就业水平。全面落实社保改革任务，不断扩大社保覆盖范围。创新因病致贫家庭医疗救助等政策，持续推进社会救助工作。提高老年社会福利保障及困境儿童保护水平，落实困难残疾人生活补贴和重度残疾人护理补贴制度，提高优抚保障水平，推动民生保障社会化参与。促进教育均衡化发展，全面提高区域教育水平。初步建立整合型医疗服务体系，增强重点基层节点医疗服务能力，提升公共卫生事业发展水平。推进文化基础设施建设，全区文化体育活动丰富多彩。社会服务进一步完善，便民利民程度进一步提高。

关键词：顺义　保障民生　改善民生

保障和改善民生是发展的根本目的。2016年，顺义区委、区政府紧紧围绕构建和谐共享社会的总体部署，认真落实习近平总书记重

* 马仲良，北京市社会科学院原副院长、研究员，现任中关村长策产业发展战略研究院院长；谢启辉，中关村长策产业发展战略研究院副院长。

要讲话精神，着力强化以增进民生福祉为重点的社会治理创新，构建全民共建共享的社会治理格局，让全区人民有更多更直接的获得感，生活更加幸福。

一 提高城乡就业水平

坚持就业优先战略，积极服务首都“疏非控人”工作，强化精准施策，不断健全职业技能培训和公共就业服务体系，全区就业工作实现新提升。

一是充分就业水平进一步提升。围绕“疏解”工作，全力做好疏解企业职工的分流安置工作，全区全年安置本区劳动力 1469 人；围绕“控人”工作，积极推进“银发工程”，加强人力资源二次开发，“银发工程”工作经验向全市推广。全年城镇新增就业 2.9 万人，城乡劳动力第二、第三产业就业率为 95.3%，城镇登记失业率为 1.45%，顺义区连续第 6 年获评北京市充分就业区。

二是促进就业政策调整聚焦。全面落实促进舞彩浅山地区就业政策，促进河东地区劳动力就业增收。区人力社保局联合区财政局、园林绿化局出台《顺义区平原造林工程招用城乡劳动力就业扶持办法》，鼓励管护单位招用本区就业困难人员，促进就近就地绿色就业。

三是职业技能培训模式有效创新。以国家高技能人才培训基地为依托，加大技工教学模式创新力度，大力推进企业新型学徒制、弹性学分制和高学历、高技能人才定向委托培养机制，全年培训城乡劳动力 1.2 万人。

四是公共就业服务更加精细高效。推进公共就业服务标准化，提升服务效能、推进服务均等，以建设高质量就业地区为引领，不断加强公共就业服务的标准化、制度化、精细化建设。顺利完成就业援助月、春风行动、民营企业招聘月等就业专项活动，活动期间举办招聘会56场，初步达成就业意向近8000人次。充分运用“互联网+公共就业”服务手段，打造就业个性化服务平台。求职信息网上登记、求职能力网上测评、“一对一”职业指导服务网上预约、招聘信息点对点推送，实现了供需实时精准对接。

五是创业带就业工作有序推进。全年实现自主创业558人、带动就业2460人，为46家企业发放609万元的小额担保贷款支持，组织开展创业培训889人，提供创业服务4588人次。

六是积极开展就业困难人员就业帮扶工作。组织职业指导员、劳动保障协管员每月走访摸查就业困难人员年龄、就业意愿、就业技能等情况并建档登记，提供就业环境分析、求职技巧指导等服务。有针对性地开展保洁员、家政服务员等技能培训。积极对接空港物业、四通保洁等企业采集配送员、保洁员等空岗信息，通过短信、微信平台等优先向就业困难人员推送。定期向区市政市容管理委员会、水务局等单位征集环境绿化、公共卫生维护等公益性岗位需求，托底安置就业困难人员。

二　完善社会保障和社会救助体系

（一）社会保障服务不断完善

全面落实社保改革任务，不断扩大社保覆盖范围，进一步提高社保待遇水平和经办服务效能，社会保障“安全网”和“经济助推器”功能得到充分发挥。

一是社保改革任务落实到位。在全市率先启动机关事业单位养老保险制度改革，改革基本完成，全区414家机关事业单位、3.31万人登记入库，实现了与企业职工养老保险的制度并轨。加快推进城乡居民医疗保险制度整合，顺利完成新农合管理机构、人员等移交接收工作，为下一步制度整合奠定了坚实基础。

二是社保覆盖范围不断扩大。加大扩面征缴力度，进一步扩大社会保险覆盖范围，2016 年，全区职工五项保险平均参保人数达 49.93 万人，同比增长 2.8 个百分点，职工养老、医疗、失业、工伤、生育保险参保人数分别达 58.27 万人、57.57 万人、46.0 万人、47.03 万人、40.8 万人，五项社保基金收缴率 98% 以上。城乡居民基本养老保险当年参保人数达到 9.7 万人，城镇居民基本医疗保险、新农合当年参保（合）人数分别达到 9.25 万人和 23.71 万人。

三是社保待遇水平持续提高。落实全市六项社保待遇标准调整机制，调整后全区退休职工每月领取基本养老金达到 3014 元，同比增长 6 个百分点，惠及退休职工 5.8 万人；城乡居民基础养老金、福利养老金每人每月分别提高至 570 元和 485 元，继续高于全市平均水平。

四是社保基金运行安全平稳。加强社保稽核、内控等工作，加强定点医疗机构监管，严控不合理费用支出。全年社保基金总收入 111.46 亿元，社保基金总支出 66.99 亿元，其中职工五项社会保险基金收缴 88.58 亿元，支出 46.17 亿元，基金运行安全平稳。

五是社保经办服务更加高效便捷。加强经办服务信息化建设，继续推进网上办社保和银行缴费工作，大力推广社保业务自助服务。简化业务办理流程，配合区工商分局将社会保险登记证纳入“五证合一”。全年新制社保卡发放 6.11 万张。

（二）社会救助工作持续推进

创新因病致贫家庭医疗救助政策。创新出台《关于统筹做好医疗救助工作的意见》和《关于开展因病致贫家庭医疗救助有关问题的通知（试行）》，在全市政策上进行四项突破，实现全区医疗救助全覆盖。一是将硅肺病纳入重大疾病病种，重大疾病救助范围扩大到

16 种；二是在保证低保、低收入家庭医疗救助的基础上，将因看病造成家庭支出过大、超出家庭承受能力群体均纳入救助范围；三是将患特重大疾病的对象的救助比例在全市基础上提高 10%；四是将患有特定的 16 种重大疾病的救助封顶金额由 8 万元提高到 20 万元，全年共救助 595 人次，发放救助金 980.83 万元。

开展农村社救建房工作。按翻建救助 4.5 万元、维修救助 1.35 万元的标准，全年投入 217.98 万元救助 47 户低保、低收入家庭，帮助他们翻修危旧房屋改善住房环境。继续引进第三方专业鉴定机构，对申请翻修的房屋状况进行鉴定，对正在施工的房屋进行监督指导，对改造后的房屋进行验收，确保房屋按照抗震、节能、保温的建房标准施工，促进救助工作更加“公平、公正、公开”。

各项救助工作全面展开。开展教育救助工作，对低收入家庭中考入高等院校的大一新生，给予全额救助（三类本 6000 元救助），及一次性 2000 元生活费救助。分别给予大二至大四贫困学生 3600 元、2400 元和 1800 元的学费救助，共救助 131 人次，发放救助资金 44.87 万元。开展重性精神病人救助工作，对低收入家庭中患重性精神病的，在区精神病医院住院治疗费用由区财政负担，取消了个人负担部分，共救助 618 人次，发放救助资金 309.52 万元。开展临时救助工作，为遇突发状况造成困难的 297 户 716 人投入救助金 71.03 万元。

完善“一门受理”工作机制。完善社会救助服务窗口，畅通与社会救助管理部门的救助渠道，及时接收办理群众遭遇的急难事项。明确部门职责、办理时限，对接收办理的事项及时进行受理、转办。加强工作人员培训及部门协作，确保困难群众“求助有门”“受助及时”。采用北京市居民经济状况核对平台核查家庭经济状况，严把人员准入关。采取“二审核、二公示、二引入”模式，确保救助流程精准规范。“二审核”指由街道（镇）进行初审，区民政局进行二次审核，确保申请材料准确。“二公示”指在街道（镇）级审核完毕后进行第一次公示，区级审核后进行第二次公示，确保救助信息准确。“二引入”是区民政局引入社会力量参与药费单据核算工作和入户调查，确保救助实施准确。

（三）社会福利水平不断提高

老年社会福利保障待遇不断提高。机构养老发展快速，2016 年，全区持证运营养老床位 5400 张。全区 2016 年共投入 732 万元加快养老助餐体系建设，便利老年人就餐。弘扬中华民族尊老敬老的传统美德，“爱老、敬老、孝老”的社会风气逐渐形成。推进居家养老照料中心建设，区民政局聘请第三方评估机构对已建成且已开展居家服务的养老照料中心服务效果进行评估，对木林镇养老照料中心和杨镇养老照料中心共给予完善功能服务建设补贴 120 万元。

提高困境儿童保护水平。2016 年，全区首次把贫困家庭重病儿童、残疾儿童和享受城乡低保分类救助待遇的事实无人抚养儿童纳入保障范围，并调高事实无人抚养儿童基本生活费。困境儿童本人或其监护人向户籍所在地的街道办事处或镇政府提出书面申请并递交有效证件，经街道、镇和区级民政部门审核认定后，可领取基本生活费。其中，事实无人抚养儿童基本生活费标准由每人每月 1400 元调至 1800 元。社会福利机构集中养育的孤儿弃婴基本生活费标准由每人每月 1600 元调至 2000 元，用于儿童伙食、服装被褥、日常用品、教育、日常生活所需的水电气暖和基本医疗费及康复的支出。贫困家庭重病儿童、残疾儿童在继续享受城乡低保分类救助待遇基础上，按照事实无人抚养儿童生活费标准的 40% 发放生活费。享受城乡低保分类救助待遇的事实无人抚养儿童，按照事实无人抚养儿童生活费标准，在其本人享受的分类救助资金额度基础上补齐。

落实困难残疾人生活补贴和重度残疾人护理补贴制度。进一步完善残疾人福利制度，保障残疾人基本生活，深入落实《北京市困难残疾人生活补贴和重度残疾人护理补贴制度实施办法》，经专业部门进行资格审核后，按照困难程度和残疾等级，向困难残疾人及重度残疾人发放每人每月 100 元到 400 元不等的补贴。截至 2016 年 12 月，顺义区符合条件的困难残疾人及重度残疾人约 1.2 万人，共安排困难残疾人生活补贴资金 8000 万元，重度残疾人护理补贴资金 2500 万元。

提高征地超转人员补助标准。从 2016 年 1 月起，顺义区 12946 名超转人员生活补助标准将参照本市建设征地农转工退休人员的养老金调整政策确定上涨幅度。调整后的生活补助标准为：65 周岁以下的每月生活补助增加 170 元；65～69 周岁的每月生活补助增加 220 元；70～74 周岁的每月生活补助增加 230 元；75～79 周岁的每月生活补助增加 240 元；80 周岁以上的每月生活补助增加 250 元。此次生活补助月人均上调 202.5 元，人均补助金 1897 元，其中，最低月生活补助标准 1714 元，最高月生活补助标准 2085.5 元。

（四）优抚水平不断提高

2016 年，顺义区共投入民生保障金 5400 余万元，从保障基本生活、缓解医疗、住房等方面入手，为优抚对象打造幸福生活，全年共发放各类抚恤补助金 3890.83 万元。提高 4884 名优抚对象抚恤和生活补助标准，整体同比增加 13.2 个百分点。伤残人员残疾抚恤金标准提高 15 个百分点，最高达每年 60210 元；烈士遗属、因公牺牲军人遗属、病故军人遗属定期抚恤金每月分别提高 167 元、159 元、142 元，达到每月 2694 元、2561 元、2286 元；在乡老复员军人生活补助标准每人每月提高 200 元，其中中华人民共和国成立后的复员军人补助涨幅达到 12.1%；部分参战参试军队退役人员生活补助金每人每月提高 100 元，达到每月 891 元；享受定期生活补助的带病回乡退伍军人生活补助金每人每月提高52元，达到843元；部分烈士子女生活补助标准由每月1264元提高到每月1347元；60岁以上部分农村籍退役士兵老年生活补贴，提高至每服1年兵役每人每月补助20元，涨幅达33.3%。此次调整惠及全区4884名优抚对象，优抚补贴补助资金已于2016年1月15日之前全部发放到位，共计722.29万元。

（五）推动民生保障社会化参与

发挥慈善力量，实现无缝对接。为进一步缓解贫困对象看病就医负担，顺义区加强沟通协调，与区慈善协会建立救助无缝对接机制，经过区民政局救助后仍存在医疗困难的对象给予慈善救助。区慈善协会每年开展两次补充性医疗救助项目，对医疗保障报销、政府救助后的个人自付部分给予10%的一次性救助，共救助457人，发放救助金181万元，实现政府与慈善组织的有效对接，发挥救助资源的最大效用。

引入商业保险，提升保障能力。为进一步完善社会救助体系建设，加强商业保险补充作用，顺义区从2013年开始将商业保险引入社会救助体系。2016年，顺义区投入400万元用于民生保险参保工作，为辖区人员投保自然灾害公共责任险、行政区域公共责任险、低保人群意外险、见义勇为救助责任保险、农房家财保险。民生保险制度的健全，提升了全区综合保障能力。

推进购买服务，助力社会救助。顺义区社会救助工作采取政府购买服务方式，引入社会组织参与事务性工作，减轻工作压力，提高工作效率，深化社会服务，投入19万元购买社会组织服务开展低保家庭中6~17岁未成年人“陪伴成长”项目，项目覆盖全区低保家庭未成年人，通过心理疏导、学业辅导、兴趣培养等服务项目，帮助低保家庭这一特殊群体家庭增强自信心，提升创新能力和人际交往能力，让他们健康快乐地成长。2016年，志愿者与239名低保家庭未成年人进行了了解沟通，建立和完善了61位陪伴对象活动档案，组织参观科技馆，到奥林匹克公园游玩，到福利机构参加义务劳动，到图书馆阅读图书，举办书法比赛等活动30次，累计服务610人次。

三　促进教育均衡化发展

学前教育发展迅速。落实《顺义区第二期学前教育三年行动计划（2015～2017年）》，扩充学前教育资源，全年新增学位3090个，有效缓解入园高峰压力。成立建南幼教集团和幸福幼教集团，探索集团化办园模式。顺利完成3所幼儿园的一级一类验收、4所幼儿园的一级二类验收工作。推进村办园建设工程，2所村办园已投入使用。开展一级一类幼儿园与村办园拉手工程，将村办园教师培训纳入区级培训计划。研发"顺义区学前教育家园互动信息系统"，促进学前教育管理科学化、规范化。

义务教育发展均衡优质。区政府出台《顺义区关于进一步完善城乡义务教育经费保障机制实施方案》（顺政发〔2016〕53号），城乡义务教育经费保障机制进一步完善。制定并落实入学工作意见和规定，统筹调配教育资源，规范义务教育入学。首都师范大学附属顺义实验小学挂牌成立，优质教育资源进一步拓宽。双兴小学与小店中心小学组建双兴小学教育集团，创新一个法人执掌两所学校的办学模式，发挥优质校的示范辐射带动作用，深化城乡教育一体化发展。全区小学开展"彩虹假日炫"展示活动，彰显了学校办学特色，提高了学生综合素养。文明校园评比活动深入开展，仁和中学、杨镇中心小学等11所中小学被评为首批北京市文明校园。组织全区初中学生参加天安门升旗仪式、参观国家博物馆和首都博物馆20100人次，学生爱国主义教育情怀得到激发。开展以"青春　梦想　成长"为主题的顺义区首届中小学校园心理剧大赛，提供了学生同伴心理互助平台，拓宽了心理健康教育工作途径。

高中教育特色更加鲜明。区教委、杨镇一中与北京外国语大学深入合作，获得智力资源支持。3 所示范高中制定拔尖创新人才培养方案。牛栏山一中和杨镇一中被评为首批北京市文明校园。顺义一中、顺义二中成为北京市第二批中小学学校文化建设示范校。顺义二中成功承办北京市特色高中项目经验推广现场会。顺义九中培育国家级艺体项目成效显著，成功举办首届中学生主持人大赛。北京四中顺义分校与北京四中实现了全员、全课程合作。牛栏山一中和顺义九中在全市进行创新成果展示。2016 年高考亮点纷呈，600 分以上达 457 人，本科录取率为 85.8%，考取清华北大人数稳中有升，顺义区学生再次问鼎北京市状元（含加分）。

特殊教育发展健康。全面开展特教学校学生双学籍融合活动，顺义十三中代表北京市接受中国残联等单位的融合教育工作调研，以“四室三组一中心”（四室为特教名师工作室、刘虹融合教育工作室、普教教研室、特教教研室；三组为三个同班就读工作组；一中心为特教支持中心）为载体的融合教育指导网络，有效促进了残疾学生的深度融合。开展融合教育理论和实践技能培训，在北京市融合教育案例评选中，8 篇获得一等奖、15 篇获得二等奖、24 篇获得三等奖，获奖率在全市领先。

成人教育与社区教育稳健发展。成人学历教育质量稳步提升，成人学历教育全年招生 3713 人，中高等学历教育在校生 11124 人。非学历继续教育品质提升，“慧企讲堂”“兴农讲堂”“创意设计大讲堂”等非学历教育全年培训 14080 人次。支持 2 所街道（镇）成人学校和 2 个村（居委会）建设体验教室。开发老年社区教育精品课程，促进社区教育与社会管理、公共服务融合，全年共培训各类人群近 8 万人（次）。

积极发展高等教育。北京城市学院的顺义院区位于顺义杨镇地区，规划总占地面积1000亩，已建成教学楼、综合楼、实训楼、图书馆、食堂、宿舍等16栋单体建筑，未来还将陆续实施二期、三期建设工程。2016年已入住学生及教职工11000余名，预计到2018年将承接2.3万名师生来到顺义工作学习。

四　发展公共卫生事业

完成医疗卫生服务水平提升三年行动计划。区域医疗资源总量显著提升，医疗机构总量从2013年的598家增长至2016年的698家，一批优质高效的医疗机构聚集形成。通过联合办院、组建医联体等方式，织牢基层医疗卫生网底，以重点专科为抓手的区级医院诊疗服务能力全面提升，基层医疗服务机构建设不断完善，努力构建分级诊疗、有序就医的医疗卫生服务体系，全人群健康状况不断改善，对医疗卫生服务的满意度和获得感切实增强，全区医疗卫生事业实现了优质、快速发展。全区人均期望寿命达到80岁，传染病疫情规范处置率基本实现100%，免疫规划疫苗报告接种率达到99%。在全国率先建成市区镇村四级一体化中医医疗服务体系，成功创建国家卫生应急综合示范区和北京市慢病综合防控示范区。

以重点工程、重点改革项目为抓手，落实责任、创新机制、完善体系、提升水平，加快卫生事业发展步伐，逐步缩小医疗卫生事业与区域经济社会发展和群众健康需求之间的差距。通过加大投入，增加供给，优化结构，改进管理，规范服务，努力实现优质医疗资源总量、基层网底服务能力、专科医疗服务质量、卫生人才技术水平、医疗卫生管理水平等五个提升，切实推进卫生工作的组织落实，不断提升卫生事业服务区域经济社会发展、服务群众生命健康的水平和能力。围绕“改革驱动、转型发展”的主线，推动卫生服务理念从以“治病为中心”向以“健康为中心”转变，医疗卫生服务体系建设向一体化、集团化、多元化转变，健康服务策略向协同化、全程化和人性化的健康管理转变，卫生管理方式向扁平化、专业化、精细化转变，卫生监管手段向信息化、科学化转变，实现改革与发展同步。

全区大力加快基础设施建设，着力改善就医环境。推进友谊医院顺义院区重大基建项目前期工作；区医院急诊病房综合楼已完工并投入使用；区医院教学科研楼完成主体封顶；区中医医院迁建项目已开工建设；区妇幼保健院改扩建和仁和第一人民医院新建工程已获得项目建议书批复；区疾病预防控制中心及卫生监督所迁建项目已完成主体封顶，预计2017年底投入使用；启动顺义区中医医院迁建项目工程。加强基层卫生机构建设，旺泉街道社区卫生服务中心2016年10月正式投入使用，光明和胜利街道社区卫生服务中心新建工程完成初步设计方案；北小营镇、李桥镇社区卫生服务中心迁建工程前期手续已启动；区精神病医院综合康复病房楼已完工并投入使用；28个镇级卫生院规范化免疫门诊硬件更新工程已完成，有效改善了公共卫生服务基础设施条件。

整合型医疗服务体系初步建立。一是开展区域整合型医疗服务体系研究，通过采取多种方式统筹使用并充分整合市级、区级、镇级和村级等各级各类医疗卫生资源，相继开展包括完善法人治理结构改革、基层机构运行机制改革及完善区域协同配合机制等多种方式，探索医疗服务体系整合有效手段，满足群众健康需求，临床医学、康复医学、预防医学、模拟医学融合发展的新模式初见雏形。二是全力推进区域医疗联合体建设，区医院医联体与全部社区卫生服务中心建立对口协作关系，组建区域医学影像和检验中心，开展与基层卫生院以四大慢病为核心的专科医联体建设。组建了以北京中医医院顺义医院为核心，涵盖顺义区牛栏山等6家社区卫生服务中心，并向下延伸到38个社区卫生服务站和村卫生所（室）的四级一体化中医医联体，启动第一批22个“健康顺义—中西医结合家医团队”，探索配置巡诊车开展中医巡诊医疗，提高基层中医医疗服务能力和科研教学水平。

便民惠民举措不断创新完善。一是推进新农合信息化建设，实现全区一级及以上定点医疗机构门诊实时结算，并在52家社区卫生服务站启动门诊实时结算。将符合条件的村卫生室纳入新农合定点，制定并下发新农合定点村卫生室管理规定。二是改善医疗服务取得新突破，完善基层药品便民惠民机制，满足群众基本用药需求，累计采购各类药品747种、13万余盒。积极实施区级医院环境清洁、医疗秩序、服务态度、医疗质量“四个好起来”工程，诊疗环境和就医体验显著改善；大力开展预约诊疗，区医院及区中医院预约转诊量占门诊就诊的比例超过25%；区中医院还开通支付宝自助缴费、“草药送到家”快递服务，大大优化了就医流程，缩短了患者的等候和滞留时间。

增强重点基层节点医疗服务能力。一是空港医院、区二院试点引入凤凰医疗集团参与新型社区卫生服务体系综合改革，并于2016年实现后沙峪镇东方祥云社区、古城村和杨镇张家务村等3个快捷诊疗中心投入运行，累计就诊5040人（次），提供检查1265人（次），基层吸引力逐渐增强。二是区三院与区中医院实施紧密型医联体建设，由全额拨款单位转变为差额管理单位，并由区中医院进行资源整合、业务融合与人员统一使用，门诊量和出院人数显著增长。三是推动区传染病医院转型升级，2016年4月底正式被区医院托管并更名为“顺义区医院东院区”进行建设，启动张镇地区医疗资源统筹整合。通过进一步完善区传染病院功能定位和规划布局，改造后的东院区秉承“以病人为中心，以质量为核心”的服务理念，积极打造以“诊疗流程快捷、设施完善齐全、环境优美怡人”的花园式医院。开诊后，顺义区医院东院区医疗服务半径辐射杨镇、张镇、龙湾屯、北小营、北务镇等周边约150平方公里，进一步提升河东地区常见病与多发病救治能力，使周边百姓在家门口便可享受到三级医院的优质医疗服务。四是完善基层网底设施建设和资源整合，采取乡医进驻“空巢”社区卫生服务站的方式，完成29个空巢站的复用；制定《顺义区关于加强村级医疗卫生机构和乡村医生队伍建设的实施细则》，启动实施乡村医生岗位管理，完成第一轮43个“空白村”的乡村医生人员招募。2016年6月在赵全营镇试点实施移动诊车，将家庭医生与基础医疗服延伸到百姓家门口，已实现医保与新农合实时报销，累计服务4114人次，有效解决群众看病难、拿药远的问题。

加快区域卫生信息平台建设。不断完善区域卫生信息平台建设项目，通过组建卫生专网，实现各社区卫生服务站、27家一级医院与3家区级医院之间互联互通。建立区域影像、检验、双向转诊和电子健康档案中心，实现了影像和化验信息的跨机构共享、医学影像的远程诊断与远程会诊、居民电子健康档案的集中存储与共享。探索实施“智慧卫生云”应用，启动实施“智慧卫生云”建设项目，创新医疗卫生服务模式和治理体系，实现居民医疗、卫生、健康数据的共享，在大数据云平台和“互联网+”模式的支撑下，着力抓好医疗卫生、健康保健等核心业务的协同发展。

五　推动文体事业繁荣发展

推进文化基础设施建设。新的文化中心包括图书馆新馆、文化馆新馆、博物馆和影剧院，主体已全部完工。2016年，区图书馆接待读者33万人次，借阅图书31万册；馆藏图书达95万册，采购入藏新书12506种、53244册，送书下乡93次，配送图书22779册；开展读书活动128场，阅读推广55次，吸引6万余人次参与。

文化活动丰富多彩。2016年利用全区393个农村数字电影放映厅和23辆流动电影放映车，安排全年放映公益电影17070场。2016年安排在全区开展公益惠民演出活动850场，在北京国际鲜花港开展百姓周末大舞台文艺演出活动6场，春节期间慰问演出20场。区影剧院利用相关政策，在巩固好中老年戏剧、儿童剧演出的同时，着力开发青年观众的演出市场，邀请开心麻花团队、北京市曲剧团、中国评剧院、中国木偶剧院、北京儿童艺术剧院等国家级演出单位前来演出，2016年上半年共演出77场。2016年举办第二十三届“二月新春”群众文化活动，2016年春节前夕在区影剧院举行了第十二届“高丽营杯”戏曲票友大赛，京剧、评剧、河北梆子等各剧种轮番登场，为全区观众带来了精彩节目。举办第十四届“赵全营杯”民间花会大赛暨京津冀三地民间花会闹元宵展演活动。2016年首次以低票价商演的形式，邀请开心麻花团队上演大型古装喜剧《江湖学院》，举办嘻哈包袱铺相声专场、德云社相声专场等为顺义百姓带来欢乐，演出场场爆满，惠及观众7000余人，同时也吸引了通州、平谷、密云等区的观众前来观看。2016年，区文化馆从3月开始先后开办了国画、书法、国学讲座培训班，共完成讲座70余次，听课人数达3500多人次。

体育事业以服务于顺义政治经济文化发展，服务于城市管理和新农村建设，服务于群众健康健身需求为出发点，打造“顺义运动之城”。开展以“全民健身强体魄、防控慢病我先行”为主题的各项竞赛活动，主要有篮球、乒乓球、登山、龙舟赛等20项群众喜闻乐见的体育项目。举办“全民健身与冬奥同行”系列活动，组建冰雪竞技队伍，让冰雪活动进社区、进机关、进学校。加强群众身边场地设施建设，打造15分钟健身活动圈，在村（居）新建或更新健身路径，推动街镇体质监测站建设，为市民科学健身提供依据。

六　完善社会服务

在完善社区服务硬件设施建设的基础上，逐步推进“一刻钟社区服务圈”建设。按照人口密度、社区规模和区域实际，将全区符合建设条件的社区划分为45个“一刻钟社区服务圈”。采取问卷调查、对照查找等方式，对规范化建设已达标社区的180项基本公共服务全覆盖情况进行了摸底统计和汇总分析，合理配置公共服务资源，并制作、发放“一刻钟社区服务圈”平面示意图和便民服务手册，让居民清楚地看到去哪里办事、去哪里享受服务。

为老服务不断推进。大力发展和培育特色社区公益服务内容，不断推进社区服务向公益化、便民化和规模化方向发展，同时将“三社联动”“养老+”“互联网+”等理念引入社区为老服务中。顺义区空港街道万科城市花园社区与易来福居家养老服务机构联合打造“互联网+居家养老”新模式，利用智慧化养老服务平台，为社区老人提供服务，打造智慧化养老服务平台，通过一键呼叫、远程健康监测、位置查询、手机APP等线上媒介搜集整合养老需求信息，在线下以日间照料中心为平台，由专业服务队为老人提供饮食用餐、医疗健康、家庭护理、紧急求助、日间托管、日常家政、精神陪伴、文娱活动，以及延伸定制等服务，打造“没有围墙的虚拟养老院”。

制订《顺义区提高生活性服务业品质行动计划》，加快推进本区生活性服务业规范化、连锁化、便利化、品牌化、特色化发展，不断提升服务水平，更好地满足人民群众对美好生活的期待。紧贴居民需求，统筹服务资源，在生活性服务业领域前瞻布局一批优质项目、培育壮大一批龙头企业、优化提升一批存量资源、疏解转型一批传统网点，加快推进便利店、早餐、蔬菜零售、洗染、美容美发、家政服务、代收代缴和再生资源回收等8项功能进社区，满足居民多层次、高品质的消费新需求。

推动社区物业服务的改善。深入落实《顺义区社区物业管理办法》，分两阶段对社区物业服务质量进行评估，所有参评项目共分五个类型，除别墅项目外，每种类型按照综合成绩排名，分优秀、良好、合格、不合格四个等级，表现优秀的物业项目进行通报奖励，2016 年全年共发放奖金 2000 万元。

不断统筹推进三级政务服务体系建设。基本形成以区投资服务中心为龙头，以 25 个街道（镇）综合行政服务中心为重点，以 400 余个村（居）便民服务室为延伸的三级政务服务网络。围绕标准化、法治化、科学化、智能化的发展方向，以规范服务为亮点，以效能提升为重点，以监督制约为保障，以畅通企业和群众“最后一公里”为目的，形成了覆盖全区、上下联动、功能完善、数据共享、运行高效的政务服务体系。

B.4
2016年顺义区社区治理发展报告

马仲良　李兴存　王　伟*

摘　要： 顺义区全面启动老旧小区治理一期工程，小区改造后将全部纳入物业管理。不断完善“一刻钟社区服务圈”，高标准推进社区规范化建设。以社区减负增效为契机，创新社区治理机制，推进“八型社区”建设。继续推进全区智慧社区创建工作。出台《顺义区社区工作者管理办法》和《顺义区关于调整社区工作者待遇保障实施方案（试行）》，全面加强社区工作者管理。运用村（居）规民约推进基层社会治理，以村（居）规民约为载体，将涉及居民切身利益的决策、社会公共道德、公共秩序、治安管理等方面的综合性规定纳入社区自治体系。全面推广“三社联动”，积极推进社区协商，大力推进社区减负工作。

关键词： 顺义　社区治理　社区建设　村（居）规民约

社区在社会治理创新中具有基础性的作用。2016年，顺义区全面启动老旧小区治理一期工程、不断完善“一刻钟”社区服务圈、

* 马仲良，北京市社会科学院原副院长、研究员，现任中关村长策产业发展战略研究院院长；李兴存，顺义区委社会工委副书记；王伟，顺义区委社会工委、区社会办社区建设科科长。

推进“八型社区”和智慧社区创建工作、出台相关规定全面加强社区工作者管理，积极发挥村（居）规民约在社区治理中的作用，全面推广“三社联动”、积极推动社区协商、大力推进社区减负工作，社区治理取得显著成绩。

一　全面启动老旧小区治理一期工程

积极推进老旧小区基础设施改造。针对老旧小区基础设施老化、配套设施不足等情况，全面启动老旧小区治理一期工程。一期工程改造的小区主要以2000年以前建设的小区为主，包括光明街道滨河一社区、滨河二社区、幸福东区，胜利街道双兴南区，石园街道石园北一社区、石园北二社区、石园北三社区，旺泉街道西辛社区、西辛一社区、铁十六局社区、西辛北区，空港街道三山新新家园小区，双丰街道马坡花园一社区、马坡花园二社区等，后续将纳入有改造需求的其他小区。通过征求居民意见、建议，把老旧小区居民最关心、最直接、最迫切的基础设施老化破损，配套设施配置不足等8大类社区问题列入改造内容，重点实施外墙保温、管线维护、墙体粉刷、道路维修、立体绿化、上下水管道改造、公厕改造、排水管道改造，以及更换暖气井盖板等工程。工程共投入资金5.76亿元，涉及6个街道的8个老旧小区，惠及居民约8.3万人。为防止“前治后乱”现象发生，小区改造后将全部纳入物业管理。

在老旧小区改造中，按照需求导向和问题导向，通过调查问卷等形式充分了解社区居民需求，广泛征求改造小区居民意见，哪里需要改、改成什么样居民说了算。立项之初，区社会办会同相关部门通过入户调查和召开居民代表会的方式广泛征求居民意见。社区工作人员入户调查，对居民急需改造的项目，以及改造后实施物业管理的意见和建议入户征求意见，了解居民需求，其间共发放调查问卷28718

份，签订意见书27028份，入户率为94.1%。每个小区、每栋楼，甚至每个单元门改造的内容都不同，不搞“一刀切”，真正把钱花在刀刃上，让居民满意。居民参与老旧小区改造的过程也是促进社区居民参与的过程，很多小区召开了居民代表会，居民积极参与，提出了需要改善绿化、更换排水管道、楼顶做防水等改造建议。

二　不断完善“一刻钟社区服务圈”

采取问卷调查、对照查找等方式，对规范化建设已达标社区的180项基本公共服务全覆盖情况进行了摸底统计和汇总分析，合理配置公共服务资源，并制作、发放“一刻钟社区服务圈”平面示意图和便民服务手册，让居民清楚地看到去哪里办事、去哪里享受服务。将“一刻钟社区服务圈”建设与社区基本公共服务全覆盖工作相整合，促进“一刻钟社区服务圈”建设向镇属社区延伸，在6个镇建设7个“一刻钟社区服务圈”，覆盖11个社区，服务人口5.78万人，推进镇属社区服务设施进一步完善。全区已建成“一刻钟社区服务圈”52个，覆盖84个社区，实现了社区居民从居住地出发步行一刻钟之内可接受日常政务服务，享受到快捷的公益服务和基本的商业、生活、文体娱乐等便民服务。

三　高标准推进社区规范化建设

高标准推进社区规范化建设。一是规范社区服务站建设，投入120万元社区规范化建设资金，完善12个社区服务站标志标识、社区服务站服务项目，规范服务制度和办理流程，将社区服务站打造成为规范、便捷、高效的服务窗口。二是落实新建小区社区居委会办公和活动用房规划验收工作，建立新建社区公共基础设施多部门联审机制，严格按照居委会办公和活动用房标准进行审批，坚持全程参与前期规划、项目验收各项工作，确保社区居委会办公和活动用房按照规划指标定期移交。同时加大对社区资金投入力度，确保社区硬件建设标准能够满足居民需求。指导街道（镇）按照“最大限度用于服务居民”建设的要求对社区居委会办公和活动用房进行装修和设计，确保社区用房面积达标、布局合理、便民利民。

村庄社区服务水平不断提升。在8个镇的15个村级社区推进村级社会服务试点建设，健全规章制度，规范办事流程，引导农村社区实行一站式服务，实现劳动保障、民政、人口计生、综治等服务项目延伸到农村社区，方便百姓日常生活。

四　持续推进“八型社区”建设

顺义区结合区域实际，创新提出开展“八型社区”建设理念，“八型社区”围绕“环境整洁、管理规范、服务完善、安全稳定、健康幸福、文明祥和、诚实守信、智能高效”的要求，建立“干净、规范、服务、安全、健康、文化、诚信、智慧”8个类型的社区。以社区减负增效为契机，创新社区治理机制，由区政府牵头，将全区34家职能部门列入“八型社区”建设主体，按照社区居民实际需求分别制定干净型、规范型、服务型、安全型、健康型、文化型、诚信型、智慧型社区建设标准，同时委托第三方对“八型社区”建设成果和政府职能部门履职情况进行双向评估，形成社会资源共享，社区建设共担的社区治理模式。通过推进“八型社区”建设，实现社区环境明显改善、社区工作更加规范、社区服务项目更加齐全、居民满意度不断提升的目的。经第三方评估并公示，2016年光明街道裕龙三区、仁和镇太阳城等30家社区被授予“八型社区”荣誉称号。

五　继续推进智慧社区创建工作

结合“八型社区”建设要求和试点社区申报情况，着重推进了16个新建智慧社区和46个升星智慧社区建设。截至2016年底，顺义区智慧社区共有96个，在全区社区总数中的占比为78%。空港街道在推进“智慧社区”建设过程中，制定顶层规划方案，从智慧社区标准体系建设、基础设施建设等9个方面着手，建设规划蓝图。空港街道创建了信息资源平台，包括：基本数据库（人、房、事、物、单位等）、业务数据库（17个业务科室和其他政府部门）和应用数据库，从大数据角度为“智慧社区”建设提供保障，并以万科城市花园社区为试点，建立居民数据库，联动社区建设、民政等工作；以裕祥花园社区为试点，建立五色管理综合服务平台，实现街、居两级有机整合，初步形成智慧化服务框架。

六　全面加强社区工作者管理

落实市级关于社区工作者工作的精神，结合顺义区街道管理体制改革工作，出台《顺义区社区工作者管理办法》和《顺义区关于调整社区工作者待遇保障实施方案（试行）》。

《顺义区社区工作者管理办法》主要从六个方面对全区社区工作者管理进行了确定：一是明确了社区工作者六个方面的“基本职责”；二是明确产生方式，社区工作者的任用采取选任和招录两种方式；三是明确管理制度，包括服务协议制度、考勤制度、弹性工时制度、教育培训制度、职业资格制度等；四是明确福利保障制度，规定了社区工作者待遇水平；五是明确考核评议制度，社区工作者考核以社区工作者履行岗位职责和所承担的工作任务、居民满意率为主要依据，着重考核社区工作者的思想政治素质、工作作风、工作能力和履职情况；六是明确罢免与解聘制度，规定了罢免与解聘的流程。通过明确职能定位、理顺待遇保障机制、细化日常管理规范，实现“加强管理”与“完善保障”并行，保障全区社区工作者队伍既能“干得了事”，又能“留得住人”。通过《管理办法》明确职能定位、理顺待遇保障机制、细化日常管理规范，从而实现“加强管理”与“完善保障”并行。

《顺义区关于调整社区工作者待遇保障实施方案》从四个方面对社区工作者待遇进行了明确和规范。一是明确了规范工资待遇后的实施群体范围，在社区党组织、社区居委会和社区服务站，专职从事社区党的建设、社区居民自治、社区管理和服务，并与街道（镇）签订服务协议的工作人员；二是明确了“社区工作者总体待遇水平按照上一年度全市职工平均工资90%的标准进行动态调整”的机制，规范了社区工作者工资结构及对应的工资标准；三是明确了探索设置社区工作者专项事业编制和探索研究优秀社区居委会主任（党组织书记、服务站站长）进入行政编制两个方面，进一步激发社区工作者的工作积极性和主动性；四是明确了社区工作者退休后纳入社会化管理，按照国家规定享受退休待遇，并明确了在社区居委会、社区党组织中全职从事社区工作的退休人员，只享受岗位津贴和生活补贴两项补贴。

加大社区工作者培训，2016年开展4期（助理）社会工作师考前培训，培训社区工作者736名，通过每年有计划地开展专项培训工作，顺义区社区工作者的持证比例逐年、稳步提高，截至2016年10月底，在顺义区1397名社区工作者中，持有助理社会工作师证书323人，持证比例为23.1%，持有社会工作师证书人员118人，持证比例为8.4%。全区的社区工作者队伍已经从年龄偏大、学历层次偏低的传统结构逐渐向着专业化、职业化的方向快速转变，并在基层维稳、基本公共服务、便民服务等领域发挥了重要作用。

社会工作领军人物逐步涌现。在2016年全市“第二批北京市专业社会工作领军人才选拔活动”中，全市18人被纳入北京市社会工作领军人才库，顺义区占3人，分别是石园街道仁和花园第一社区王辉、光明街道裕龙四社区郭来廷和双丰街道鲁能润园社区王景翠，为推动顺义区社会工作事业发展起到了引领示范作用。

扩大基层工作队伍来源。在顺义区2016年大学生村官选聘工作中共选聘应届高校毕业生90人，来自北京大学、中国人民大学、中国政法大学等40余所高校，全部是本科及以上学历，其中研究生学历的毕业生占45.6%，“985”“211”重点院校毕业生占42.2%，中共党员占51.1%。

七　继续推动村(居)规民约

以村（居）规民约为载体，将涉及居民切身利益的决策、社会公共道德、公共秩序、治安管理等方面的综合性规定纳入社区自治体系，使居民主动遵守自我管理、自我教育、自我约束的行为规范。

运用村（居）规民约推进基层社会治理是顺义区近年来的一项探索和实践，2011年开始在部分村开展村规民约修订试点，2014年党的群众路线教育实践活动期间，在全区推进“三下三上”工作流程。2015年，北京市委开展“一区一探索”改革工作，正式将顺义区申报的“以村（居）规民约为抓手，创新基层协同共治模式”纳入市级改革事项。根据治理需要，顺义区按照“问题导向、制度建设、文化引领”三个阶段性特征，确定了6种类型，选择了35个村、11个社区进行试点。一年来，试点工作取得了较好成绩。2016年10月10日，顺义区召开“以村（居）规民约为抓手，创新基层社会协同共治模式”工作培训推进会，就深入推进村（居）规民约工作进行培训和部署，要求多角度、多层次、全方位把握试点工作，抓紧时间全面总结已有经验，充分发挥试点村（居）的带动、引导作用，将取得的经验在全区基层进行推广，营造遍地开花、齐头并进的良好局面。通过村（居）规民约的修订和实施，提升基层社会治理体系和治理能力现代化，深入研究基层社会的问题和现状，掌握基层社会矛盾运动的基本规律，真正发挥党委、政府、基层党组织、群众和社会组织等多种治理主体的作用，形成多元主体之间的合作治理、协商治理，达到促进基层群众文明素质不断提升、地区社会持续稳定和繁荣发展的目的。高丽营镇一村党员带头示范，以落实以村规民约为抓手，形成了基层协同共治的创新模式，有效推动了村庄环境的改善。

八　全面推广“三社联动”

“三社联动”是“以社区为平台，以社会组织为载体，以社工为骨干”的服务新模式。通过开展“三社联动”项目，可以充分发挥“联动”作用，精细化满足社区居民需求，有效链接社会力量和社会资源，促进社区服务的改善，增强社区居民的获得感和幸福感。2016年，顺义区3个社工机构的服务项目包括“三社联动全覆盖延续”项目、“美化农村家庭，‘三社’共筑美丽新农村”项目和“关爱银龄心理健康——社区老年社会工作服务”项目成功申报成为市级服务项目。

2016年，顺义区旺泉街道牡丹苑社区获全国社会工作示范社区称号。自民政部启动第二批全国社会工作服务示范创建活动以来，经过区民政局、市民政局评选，民政部审核、专家评审、对外公示等程序，旺泉街道牡丹苑社区喜获第二批全国社会工作示范社区称号。

空港街道积极推动社区“三社联动”机制建设，面向国际化社区居民开展服务，组织丰富多彩的社区邻里互助、跳蚤市场、爱心捐赠等活动，改善邻里人际关系，为凝聚地区发展共识提供支撑。同时，社区积极培育和发展社区社会组织、志愿服务队伍，并吸纳外籍居民参与社区管理与社区服务，增强外籍居民的“主人翁”意识，增进不同文化背景居民之间的了解。

九　积极推动社区协商

区民政局下发《关于建立“社区议事厅”加强社区民主协商工作的通知》，推动建立“参与型”社区民主协商模式，要求在城市社区建立社区议事厅，并在显著位置进行标识；各镇要在1~2个村建立社区议事厅试点。社区议事厅本着资源共享、一室多用的原则，配置相应的设施、设备，以满足社区议事协商的需求，并确定了明确协商事项、明确协商主体、明确协商形式、统一协商程序、建立评价机制等五项任务，要求加强党对社区协商工作的领导、强化街道（镇）社区协商工作责任、营造社区协商良好氛围，推动各街道（镇）广泛建立科学合理、规范有序、简便易行、行之有效的社区协商体系，切实提高社区协商的制度化、规范化、程序化水平。

各街道、社区积极推动基层协商。石园街道石园北三社区成立了“社区议事厅”，坚持以居民需求为导向，以社区事务解决为参与平台，调动、整合多方力量，通过民主协商努力形成共识，解决社区重大事项和涉及居民切身利益的实际问题，进一步完善了基层群众自治制度，促进了社区成员共同参与，使社区议事协商工作更加规范化、制度化、程序化。在石园北三社区老旧小区改造中，议事厅充分发挥职能作用，联动社区、物业、居民代表、施工方等成立专项议事小组，全面部署，协商解决施工中的问题和矛盾，确保改造工程有序进行。

旺泉街道从强化居民民主自治入手，积极推行“我的社区我做主”居民议事厅制度，居民议事厅实行“参与式协商”社区自治模式，主要对环境卫生、民办实事工程、社区建设等，居民关心的热点、难点问题，进行商议、讨论和民主决策，由街道工委包居干部、社区党组织、居委会、物业公司、居民代表、楼门长参加，对妥善化解社区矛盾，维护社会稳定，推进社区各项建设事业的和谐发展起到了重要作用。

空港街道17个社区全部建立社区议事厅，在显著位置进行标识并挂牌投入使用，进一步完善社区自治制度，创新“参与型”社区民主协商模式。2016年度累计开展民主协商工作82次，通过各社区居委会、居民代表、物业公司等相关人员的协商，就社区治理工作凝聚共识，汇聚力量，整合协调社区资源，发动物业公司、社区社会组织、社区党员、志愿者等多方落实协商成果，增强居民的责任心和归属感。

十　大力推进社区减负工作

社区作为社会的最基层细胞，面临的各项任务也日益繁重，造成了社区行政事务多、创建达标多、考评台账多、机构牌子多等诸多问题。为厘清社区职责，减轻社区行政负担，增强社区自治和服务功能，区民政局联合区委组织部、区社会办研究制定了《关于落实〈北京市民政局　中共北京市委组织部关于进一步开展社区减负工作的意见〉的实施意见》（以下简称《意见》），通过六项措施大力减轻社区行政负担：一是依法确定社区工作事项，在梳理统计社区工作事项的基础上，通过多次征求各职能部门、镇街和社区意见建议，科学制定《顺义区社区工作清单》，取消了155项社区行政事务；二是清理社区组织机构挂牌、台账和评比项目，建立《顺义区清理组织机构台账》和《顺义区取消社区考核评比清单》，清理规范市、区组织机构和台账 71 项，取消社区层面的各类达标、检查评比和示范创建活动项目 77 项；三是规范社区印章使用管理制度，《意见》规定，属于社区职责范围，且社区能够如实掌握情况的事项，可盖章证明。各职能部门、企事业单位、社会组织等职责范围内的证明事项，不得要求社区出具证明；四是提升自治功能和服务水平，开展多层次、多样化的社区服务，推行社区志愿服务，组织社区居民开展邻里互助服务，提高为民服务效能，发挥社区在社会动员、服务居民、协调利益关系和维护基层稳定等方面的积极作用；五是整合社区综合信息网络，规范各类业务应用系统与社区公共服务综合信息平台的共享范围、共享方式和共享标准，实现数据一次采集、资源多方共享；六是建立社区工作准入制度，《意见》规定，各职能部门、镇街要严格落实社区减负增效精神，凡社区清单职责范围外的事项，不得转嫁给社区，若自行开展工作确实有困难，确需社区协助开展工作的，要按照“准入审批、费随事转、责随权变”的原则，向区社区工作准入领导小组办公室提出书面申请，待审批同意后方可施行。

B.5

2016年顺义区社会组织建设发展报告

马仲良　李恩雄　王　娣*

摘　要：保障"枢纽型"社会组织体系建设，规范"枢纽型"社会组织日常管理，发挥"枢纽型"社会组织服务作用。加快推进社区社会组织服务（孵化）中心建设，推进社区社会组织发展。政府向社会组织购买服务进一步加强。践行社会组织公益理念，社会组织公益活动公众影响力进一步增强。积极培育专业社工机构，加强社会工作人才培养。坚持培育发展与监督管理并重的方针，按照"依法登记、分级管理、稳步发展"的原则，形成了具有顺义特色的社会组织管理模式。

关键词：顺义　社会组织　培育发展　监督管理

顺义区社会组织发展坚持培育发展与监督管理并举的基本方针，遵循依法管理、分级负责、培育引导、稳步发展的基本原则，大胆改革、锐意创新，建立了符合顺义特点的社会组织管理机制，并在社会组织建设中逐步构筑培育扶持、品牌发展战略、执法监督、党建四大

* 马仲良，北京市社会科学院原副院长、研究员，现任中关村长策产业发展战略研究院院长；李恩雄，顺义区委社会工委副调研员；王娣，顺义区委社会工委、区社会办社会组织科副科长。

体系。截至2016年底，顺义区登记法人社会组织371个，街道（镇）备案社区社会组织1124个，合计1495个。

一　扎实推进“枢纽型”社会组织工作

保障“枢纽型”社会组织体系建设。全区共有20家“枢纽型”社会组织，19个镇、6个街道全部建立社会组织联合会。全面推行“管理服务岗位”购买，并投入资金220万元，用于解决部分“枢纽型”社会组织专业人员缺乏问题。继续扩大“枢纽型”社会组织覆盖范围，全区纳入“枢纽型”社会组织联系、管理的社会组织达340家，其中，新增符合登记注册条件的社会组织30家。开展“枢纽型”社会组织统一社会信用代码工作，进一步加强对“枢纽型”社会组织诚信体系管理。

规范“枢纽型”社会组织日常管理。认真梳理2016年“枢纽型”社会组织中心工作。制定出台了《顺义区2016年“枢纽型”社会组织工作要点》，明确年度重点任务，细化工作流程，使“枢纽型”社会组织工作更条理化、制度化。努力探索“枢纽型”社会组织规范化管理新模式，起草了《顺义区“枢纽型”社会组织业务工作规范》，加强对“枢纽型”社会组织工作指导与政策引导，有效促进其进一步提质增效，积极开展对本领域社会组织的服务管理工作，在业务上发挥引领聚合作用，在日常服务管理上发挥平台作用。

发挥“枢纽型”社会组织服务作用。强化“枢纽型”社会组织的平台服务意识，加强对本领域社会组织的培养、服务和管理，进一步探索“枢纽型”社会组织运行和作用发挥的有效途径。动员“枢纽型”社会组织充分挖掘本领域自身优势，开展特色公益活动，同时引导本领域社会组织以项目为导向，积极参与政府购买服务项目申报，通过争取市、区项目资金等多种融资方式，确保社会组织可持续发展。

二　有效推动社区社会组织发展

规范专项资金使用，加大资金监管力度。为充分发挥社区社会组织专项资金的引导作用，结合工作实际，出台《顺义区社区社会组织专项资金使用实施方案》，对专项资金的支持标准、使用范围、主要用途、实施方式、使用要求等方面进行了细致的规定。加大专项资金的使用监管力度，通过“定点”抽查、实地走访、会议座谈等形式，深入社区社会组织内部，全面了解掌握项目实施及资金使用等情况，确保资金高效、规范运作。

加快推进社区社会组织服务（孵化）中心建设。加强政策引导，研究出台《顺义区社区社会组织服务（孵化）中心建设指导意见》，首次以政策文件形式对社区社会组织服务（孵化）中心整体建设进行有针对性的指导。将服务（孵化）中心建设纳入政府重点工作并将其确定为街道体制改革的重点内容，为服务（孵化）中心建设增添了“助推器”。加快推进服务（孵化）中心建设进度，加强对服务（孵化）中心规范管理，明确了服务（孵化）中心建成时间，并对其名称进行了统一规范。加大督导力度，采取季度督导模式，要求各单位定期汇总上报社区社会组织服务（孵化）中心建设进度，及时掌握总体建设进展情况。利用社区社会组织专项资金为服务（孵化）中心建设和运作提供有力的资金支持，充分发挥公共财政对社区社会组织发展的支持力度，有效缩短社区社会组织服务（孵化）中心建设进程。2016 年，6 个街道的社区社会组织服务（孵化）中心全部挂牌，社区社会组织工作整体达到一个新的水平。通过社区社会组织服务（孵化）中心运行，为本区域社区社会组织专业服务和日常管理提供了综合服务平台，并具备社区社会组织创意、孵化、能力建设、培训交流、展览展示、信息发布、政策咨询、资源对接、考核评估、典型推广等系列配套功能，为社区社会组织长期健康有序发展提供强有力的专业技术支撑。

提升服务能力水平，强化专业服务理念。组织召开2016年度社区社会组织负责人培训班，以加强其自身能力建设为出发点，以解决实际问题为着力点，有效提升社区社会组织负责人服务管理水平。继续推进专业社工岗位及督导项目购买工作，坚持以合同、协议为牵引，以专业社工为带动，积极开展专业化服务培训，不断增强其专业化服务理念，切实发挥好市级社会建设资金的导向作用。

规范顺义区各街道（镇）社会组织联合会工作。区社会办及时制定出台了《顺义区社区社会组织联合会管理暂行办法》《顺义区社区社会组织专项支持资金使用暂行规定》等指导性文件，并以专业社工为引导，积极开展专业化服务培训，不断增强服务理念，促进了社区社会组织健康发展。加大社区社会组织培育扶持力度，区民政局下发了《关于开展街道（镇）社会组织联合会考核的通知》，决定从2016年起，对各街道（镇）社会组织联合会进行考核，由区民政局社会组织登记管理科负责统筹组织考核工作。对联合会实行综合考核，考核内容包括日常业务、创新项目、社会公益、社会影响力、上级表彰五大方面。考核工作由第三方机构实施考核、各联合会互评、区民政局打分三种方式组成，总分为100分，考核结果将作为奖励扶持及购买服务的重要依据。

各街道（镇）社区社会组织工作进一步加强。如空港街道先后出台了《空港街道社区社会组织考核办法》《空港街道社会组织联席会议制度》《空港街道社区社会组织专项资金管理办法》《空港街道社区社会组织专项资金使用补充说明》《空港街道社区社会组织评估标准》等规章制度，在日常管理、工作流程、财务规范、活动开展等方面都提出明确要求，制定考评奖励制度，建立起社区社会组织管理体系，促进联合会及各社会组织的规范发展。光明街道社区社会组织联合会开通了微信公众平台“光明社会组织”，成为顺义首个街道级社会组织微信平台，微信平台内容包括光明街道社区社会组织介绍，先进社会组织展示、政策法规、工作消息及社区社会组织活动信息推送、活动预告等内容，同时提供场地预约及社区社会组织发展服务等互动功能，为社区社会组织提供服务平台，并通过这一新媒体方式更好地服务社区需求，促进社区社会组织的发展。

三　不断加强政府购买服务工作

2016 年，顺义区政府购买服务工作全面展开，各项工作步入正轨，形成了部门间各负其责、齐抓共管的工作格局。为更好地推进政府购买服务工作，根据《北京市人民政府办公厅关于政府向社会力量购买服务的实施意见》及《北京市顺义区人民政府办公室关于政府向社会力量购买服务的实施意见》文件精神，区财政局印发了《顺义区 2016 ~2017 年政府向社会力量购买服务指导性目录》《顺义区政府向社会力量购买服务的预算管理办法》《顺义区政府向社会力量购买服务操作流程》及《顺义区政府向社会力量购买服务绩效评价管理办法》，并结合新出台的政策对区属各相关单位进行了专题培训。区民政局印发了《承接政府购买服务社会组织资质管理办法》的通知，规定了社会组织承接政府购买服务资质，应坚持平等参与、竞争择优、公开透明、注重绩效、社会评价的原则。这些新政策的出台，使顺义区政府购买服务相关政策得到了进一步完善，初步形成了中央与地方衔接配套、操作性强的政府购买服务政策体系。

不断加强政府购买服务工作。通过会议部署、政策引导，广泛动员各“枢纽型”社会组织、各街道（镇）社会组织联合会带动各领域社会组织积极参与项目申报工作。2016 年度，共征集 37 家社会组织的 50 个申报项目，涉及社会服务、社会公益服务等多个方面，最终获批复市、区社会建设专项资金购买服务项目 24 个，涉及资金 214.8 万元，其中市级批复项目 5 个，批复金额 49.8 万元，区级批复项目 19 个，批复金额 165 万元。

切实加大市、区项目资金监管力度。所有项目均采用项目化运作标准，制定一系列规范性文件，例如，《项目实施方案》《工作指引》等，用于指导项目的有效开展与实施。积极引入“项目自查”与“第三方”监管有机结合方式，聘请会计师事务所对项目资金进行专项财务审计，对项目开展进行专业评估并出具报告。邀请区财政部门参与项目考评工作，进一步推动项目规范化管理，从严从紧使用好财政性资金，有效推动项目的深入开展。

四　继续践行社会组织公益理念

践行社会组织公益理念。2016 年，顺义区秉承“践行公益、服务社会”的理念，广泛动员各类社会组织，积极组织开展“顺义区社会组织公益行”系列公益活动。积极调动各“枢纽型”社会组织、各街道联合会的资源优势，充分发挥镇级联合会的导向作用，从多角度、多维度广泛征集 2016 年度社会组织公益活动计划，共征集公益活动 146 项，其中全年性活动 25 项，特色活动 121 项，活动涉及扶老助残、便民利民、法律援助、安全教育等多个领域。积极开展顺义区社会组织公益服务品牌评选工作，下发了《关于做好顺义区社会组织公益服务品牌评选工作的通知》，共征集区级公益服务活动 56 项。在“第三届北京市社会组织公益服务品牌”评选活动中，区志愿者联合会的“青春暖心”活动荣获金奖，京北科技创新推进中心的“爱科技 · i 创新”、80 后义工社的“亲情速递”

活动获铜奖。结合“第三届北京市社会组织公益服务品牌评选”结果，开展了区级服务品牌创建工作，经过严格评分、综合筛选，最终区福利慈善协会的“六大主题志愿服务”、旺泉街道的“幸福午餐来敲门”等10个公益活动被评为区级优秀公益服务活动，进一步激发社会组织开展公益活动的积极性。各类公益活动的开展和服务品牌的创建，不仅展示了区域内社会组织的良好形象，提高社会组织的认知度，也培养了社会组织的公益意识，有效传播了社会组织公益服务的正能量。

提升公益活动公众影响力。积极动员各类组织以“服务大局，贴近民生”为出发点周密部署、认真组织、开展各类特色活动，服务居民，扩大影响。开展首届“北京社工宣传周系列活动”，有效提升广大公众对社会工作“公益行”的认知度与参与度。推选北京顺鑫职业技能培训学校代表顺义区参加了第二届“北京社会公益行”公益市集活动并取得了良好的展示效果。

五　努力加强社工人才队伍培养

积极培育专业社工机构。2016年新成立社工事务所7家，积极引导专业社工机构，树立先进服务理念，运用专业服务方法，实现自我“造血”功能。推动事务所规范化建设，建立事务所规范化试点，组织召开了全区社会工作事务所规范化试点工作会，以试点为驱动，积极指导专业社工事务所在基础建设、内部治理、队伍建设等方面进行规范。切实做好专业社工事务所人员基本信息统计工作，努力做到底数清、责任明。

拓展社工人才发展空间。搭建社会组织参政议政平台，建立健全社会组织推选制度，以制度化为引领，把社会组织负责人纳入政协委员、妇女代表等推荐范围。将社会组织及其从业人员列入有关表彰奖励、评选评优的范畴，例如，“最美社工”“三八红旗手”等评比活动，切实提升社会对社会组织的认同感，扩展社会组织从业人员上升发展空间。

开展相关培训工作。2016 年 5 月 26 日，为加快推进社会服务创新工作，有效提升社区社会组织服务管理水平，顺义区组织召开了 2016 年社区社会组织负责人培训班，近 200 名社区社会组织负责人参加。培训以加强社区社会组织自身能力建设为出发点，以解决社区社会组织实际问题为着力点，针对如何有效发挥社区社会组织服务（孵化）中心功能作用，如何参与社区治理和社区服务等问题，与各社区社会组织负责人进行了深入的探讨和研究。通过搭建交流培训平台，极大地提高了各社区社会组织负责人的服务积极性，有效地拓宽了社区治理、社区服务的新思路，同时也为各社区社会组织又好又快发展奠定了良好的理论基础。2016 年 7 月 22 日，区社工委组织顺义区 30 余位社会组织负责人参观北京知诚中小企业财税与金融服务促进会，学习借鉴发展经验，开拓发展思路。

举办社会组织人才专场招聘会，促进社会组织人才交流。2016 年 11 月 12 日，顺义区人才服务中心联合区民政局在区人才市场举办第八届社会组织人才专场招聘会。招聘会精心组织顺义区绿港培训学校、顺义区信息化协会、顺义区和谐心理咨询中心等 20 家社会组织参与，提供包括教师、心理咨询师、医生、社工等近 200 个岗位。当天吸引了 1083 名求职者，达成初步就业意向 192 人。

六　加大社会组织信息宣传力度

搭建信息交流平台。组建了社会组织 QQ 群、微信群，加强了信息沟通工作，实现了与社会组织间信息的互联互通。借助中国联通电话增值业务，实现点对点短信群发，提高了信息传播效率。

扩宽信息宣传途径。利用互联网优势，在北京市社会建设网、《北京社会建设手机报》、《北京社会建设信息》（普刊）、顺义区社会建设网等网络媒体，对社会组织活动开展情况、规范化建设情况等进行及时的宣传和报道。利用刊物资源，发表了题为《对推进“枢纽型”社会组织参与社会治理的途径和方法》的专题调研。加强媒体宣传，在《中国社区报》用一整版对近年来顺义区社会组织、“枢纽型”社会组织、社区社会组织的发展历程、作用发挥、取得效果等方面进行了深入报道。加大信息报送力度，截至2016年底，社会组织共报送信息47篇，实际刊登34篇，其中市级信息27篇，区级信息7篇。

七　加强社会组织监督管理

坚持培育发展与监督管理并重的方针，按照“依法登记、分级管理、稳步发展”的原则，形成了具有顺义特色的社会组织管理模式。为推进顺义区社会组织自律与诚信建设，营造诚实守信的氛围，提升社会公信力。2016年，顺义区民政局按照《北京市民政局关于开展社会组织“诚信建设行”活动的方案》，在全区开展社会组织诚信建设活动。召开诚信专题会议，出台《北京市顺义区民政局关于社会组织诚信建设方案》，成立顺义区民政局诚信建设领导小组，积极探索社会组织诚信建设思路。将诚信建设方面的相关政策载于顺义区民政信息网、顺义区社会组织公共服务平台等网站和“顺义社会组织”公共微信号。促进规范行为，完善社会组织各项规章制度，要求各社会组织依据相关信用达标参考标准，对照自身组织建设、内部治理和活动规范等方面实际情况展开自查，认真查找本单位在信用建设方面存在的问题，完善各项规章制度，强化社会组织自律，引导社会组织诚信活动。在顺义区2016年社会组织等级评估工作会议动员评估工作的同时对社会组织进行诚信宣传，将诚信建设融入社会组织的评估工作。结合顺义区第八届社会组织人才专场招聘会，参加招聘的各社会组织将招聘情况按照诚信建设标准装订成册在招聘会场进行诚信宣传。按照《北京市社会组织诚信达标标准》，特别是对全区 50 余家行业协会、商会进行了实地行政指导和诚信建设相关政策解释，并推选出 5 家社会组织争创市局“诚信建设行”示范单位。开展专项检查，把诚信建设工作引向深入，联合区教委、残联、体育局等多家业务主管单位开展诚信建设拉网式专项检查工作，采取事先“不打招呼、不发通知、不预留时间”的三不突击检查方式，对社会组织进行综合性行政检查，截至 2016 年 11 月底共检查社会组织 167 家，其中发现涉及财务、章程、场所安全等问题有 57 家，33 家在检查中当场改正；9 家出具整改意见，复查后改正；存在违法问题 15 家，已全部立案查处。以党建工作促进诚信建设，开展社会组织“两学一做”主题教育培训班，对全区社会组织负责人进行了培训，并安排社会组织代表参观中关村社会组织联合会创新创业专业委员会，进行诚信建设和品牌建设现场教学，并联合区委组织部开展社会组织基本情况摸底排查，将社会组织信息统计与党建工作结合起来，巩固了社会组织诚信建设的成果。

开展社会组织统一社会信用代码工作。2016 年 1 月，顺义区首家新成立的民办非企业单位获得新的统一社会信用代码，由此拉开了顺义区社会组织统一社会信用代码工作的序幕。统一社会信用代码工作的开展，不仅简化了社会组织办事手续和流程，进一步激发社会组织新活力；而且通过加强社会组织信用信息的数字化管理，促进社会组织信用信息的交换共享和利用，为政府监管和服务提供支持保障。

在全区社会组织中开展创建学习型社会组织活动，各类社会组织通过创建活动实现“三结合”：一是把学习知识与提高工作能力相结合，使各类社会组织不断提高科学文化水平、政治理论和思想道德素质；二是把学习书本知识与学习他人的先进经验相结合，不断开阔视野；三是理论与实践相结合，增强开拓创新能力和主动学习的自觉性，为自身发展提供坚实的思想保证、精神动力和智力支持。学习型社会组织建设促进了广大社会组织尊重知识、尊重人才，推动社会组织运行的自我完善，更好地服务社会。

B.6
2016年顺义区社会治理信息化发展报告

马仲良　郑建阳　樊廷卉*

摘　要：　2016年，顺义区在社会治理信息化方面，深入推进智慧社区示范点和“互联网+”示范点建设。持续推进社会领域党建信息化，拓宽社会领域党建信息化渠道。加强城市服务管理网格化体系建设，努力提高城市服务管理网格化体系的规范化、融合化和一体化水平。推动“微网格”微信公众号试点建设，方便邻里社交和促进互助服务。有效拓展社会服务管理创新指标体系功能，实现问政于民、问需于民、问绩于民。

关键词：　顺义　社会治理　信息化　智慧社区

2016年，顺义区社会建设信息化工作紧紧围绕《北京市“十三五”时期全市社会建设信息化规划》《关于在全市推进智慧社区建设的实施意见》等文件精神，按照《2016年北京市社会建设信息化工作要点》要求，积极推进各项工作，取得了新的进展和成效。

---

* 马仲良，北京市社会科学院原副院长、研究员，现任中关村长策产业发展战略研究院院长；郑建阳，顺义区委社会工委委员、区社会办副主任；樊廷卉，顺义区委社会工委、区社会办综合科科长。

一　深入推进智慧社区建设

启动智慧社区申报工作，结合“八型社区”建设要求和试点社区申报情况，着重推进了16个新建智慧社区和46个升星智慧社区建设。截至2016年底，顺义区共有智慧社区96个，其中五星级社区22个，四星级社区35个，三星级社区26个，二星级社区5个，一星级社区8个，创建数占全区社区总数的比例为78%。智慧社区的创建主要从以下几方面做起。

一是不断加大统筹协调力度。加强智慧社区建设区级顶层设计，以“打包立项”的方式推进智慧社区示范点和“互联网+”示范点建设。积极向市委社会工委、区经信委报送智慧社区示范点项目，主动申请智慧社区项目资金。通过部署2016年智慧社区相关工作，全区6个街道19个镇结合自身实际，本着自愿的原则进行申报，并将申报“八型社区”的社区纳入2016年智慧社区建设试点范围。

二是不断推进社区信息化基础设施建设。除新建小区外，全区社区已基本配齐电脑、投影、电子显示屏等信息化设备，根据需要逐步进行升级换代。在覆盖胜利街道和各镇的基础上，加快推进电子政务网络建设向其他街道社区延伸。高清数字电视网络接入能力实现全覆盖，推动居民开始从“看电视”向“用电视”转变。经过光纤改造和升级，接入社区家庭的互联网宽带能力普遍提高到10兆以上。街道主要干路和社区服务站等主要场所启用无线网络，无线网络在公共领域覆盖率实现新的提高。大多数社区开设了电子图书室、电脑培训室等，拓展了居民学习教育的阵地。新建小区充分利用物业综合管理信息系统，对小区景观灯光、电梯监控、车辆出入、周界报警等进行智能管理。老旧小区治理一期工程中，通过完善门禁、提升视频监控系统等措施，加强了对社区重点部位的管理和监控，提高了老旧小区的治安水平。

三是不断推进社区信息化服务体系。为推进智慧社区建设，建立了覆盖91个社区的社区网站群，辅以微博、微信、QQ、短信等平台，形成了立体式、多层次的网络宣传平台，为及时发布信息、与民互动拓展了新渠道。各街镇也根据自身实际，找准智慧社区建设切入点。胜利街道建北三社区完善网格化管理平台，建立了网格化指挥中心，提升了社区管理信息化水平。光明街道金汉绿港社区的“乐生活智慧社区云平台”为服务社区居民提供更多渠道。空港街道万科城市花园社区搭载“易来福”开启智慧社区养老的新模式，裕祥花园社区利用“五色管理平台”和社区管理信息系统开启智慧化社区新内涵。牛栏山镇建立了全区首个镇级智慧社区APP，分为社区动态、办事指南、社区通知等9大项，可以随时查询政府的办事政策、近期活动，足不出户买水买电，查询区、镇的各项政策信息，查看社区开展的各种活动等。

二　启动“互联网+”行动计划试点建设

按照《2016年北京市“互联网+”行动计划》要求，推进“互联网+”智慧社区、社会领域党建、便民服务等，提升服务管理的信息化水平。以空港街道万科城市花园社区的“互联网+养老”、石园街道石园东苑社区的“互联网+社区党建”和旺泉街道望泉家园社区的“互联网+社区管理”模式为试点，推进社会服务管理的信息化、智能化，逐步构建起党务引领、政务延伸、商务便民、社务利民、法务保障“五务一体、主体多元、功能完善、共建共享、融合开放、方便快捷”的社会建设“互联网+”服务体系，促进服务管理事项在网格化体系中的融合和协调。旺泉街道望泉家园社区的“互联网+社区管理”建立了“社区e智能服务管理系统”，利用网络软件、云端服务器、固定输入终端、手持 PDA 等设备，做到“四个实现”：一是实现身份亮化，在册党员、老干部、居民代表、楼门长、志愿者不同身份的人群一人一张 IC 卡，IC 卡与人员的姓名、性别、年龄、电话号码、职业、政治面貌、工作单位等基础信息绑定，通过刷卡识别，进行活动签到；二是实现无纸化发布，通过系统后台将社区开展的学习、培训、活动、服务等基础信息录入，通过 APP 或短信的形式发送给活动的参与者；三是实现量化管理，推行积分制，按居民参加活动的效果、积极性等方面进行积分管理，以积分为依据，达到激励目的；四是实现活动统计分析，根据需求统计分类人员、活动，对每个人每一段时间内参加活动的情况做出准确的数据分析与判断。

三　持续推进社会领域党建信息化

进一步做好日常信息交流工作。充分利用微信公众平台、社会领域党建 QQ 群和商务楼宇博客等信息交流平台，指定专人及时发布更新信息，随时发布最新的政策和各类资讯，为各街道（镇）、功能区、社区和商务楼宇的党务工作者提供最新资讯，做好信息服务工作。进一步拓宽社会领域党建信息化渠道，在博纳顺景影城成立党建电教示范站，影院设立专门的影厅作为活动场所，为基层党组织教育培训、入党宣誓等活动提供场地保障，向非公企业和社会组织党组织及街道和社区党组织中的党团员发放优惠卡，提供优惠服务，为党团员学习交流提供平台。

四　不断加强网格化体系建设

按照《关于加强北京市城市服务管理网格化体系建设的意见》等“1 +3”文件精神，着力加强城市服务管理网格化体系建设，努力提高城市服务管理网格化体系的规范化、融合化和一体化水平。

一是制定、印发《顺义区加强城市服务管理网格化体系建设实施方案》。在学习借鉴其他区成功经验做法的基础上，区社会办牵头起草并修改完善了《顺义区加强城市服务管理网格化体系建设实施方案》，针对顺义实际，确定了“135N”的重点任务：“1”指组建一个专门独立工作机构，负责全区城市服务管理网格化体系建设的统筹、协调、督导和考核工作；“3”指三级信息平台，即建立健全区、街（镇）、社区（村）三级平台并实现互联互通、高效运转；“5”指五项基础工程，即建立到边到底、无缝连接的责任网格，建立统一接听、方便群众的热线中心，建立广泛覆盖、功用高效的视频网络，建立信息全面、更新及时的大数据库，建立专兼结合、分工协作的网格队伍；“N”指多个业务应用，即以三级平台为依托，逐步与各专业部门服务管理业务应用系统对接，实现业务进网、人员进格，多方联动、一体运行。

二是网格化体系建设纳入全区战略。将网格化体系建设作为加强城市服务管理的重要举措列入区“十三五”发展规划，《顺义区“十三五”时期社会治理规划》把网格化体系建设作为一项重要目标任务明确提出。同时，区经信委也将网格化体系建设纳入《“智慧顺义”顶层设计实施方案》及其落地行动计划，明确了重点建设目标、建设项目、建设周期和建设资金等。按照区委常委会精神，区委组织部、编办等部门加快区智慧城市建设领导小组及区网格化体系建设专门机构的组建，将网格化体系建设作为智慧城市建设的重要内容。

三是网格化体系建设试点工作取得积极进展。通过试点以点促面推进，确定胜利街道、旺泉街道和南法信镇为“三网”融合建设示范点，确定旺泉街道为标准化建设示范点。充分利用市级资金，以街镇二级平台建设为着力点，加快推进示范点夯实基础，实现突破。推进胜利街道智能社区应用系统试点工作，并在建北三社区等推进网格平台建设，进一步健全了网格化体系。旺泉街道作为标准化建设示范点，就全域信息化、网格化建设进行了全面细致的规划，从高从严推进网格化体系的规范化建设，着力建好街道二级指挥平台及网格信息系统。南法信镇在已有指挥中心平台的基础上，进一步完善镇级平台的信息系统，将镇域内400多个监控探头连接至镇指挥中心平台，同时选取了三家店村为示范点，为该村12名网格员配备了手持终端，实现了问题的快速上报处置。

四是协同推进重点项目建设。部分单位和街道（镇）开展了网格化相关重点项目建设，如区经信委根据“智慧顺义”顶层设计方案，着手进行基础地理信息平台建设，建立全区1021平方公里全覆盖的三维立体地理资源库、顺义中心城区地上地下一体化精细化的城市基础设施资源库，同时制订实施方案，在全区范围统一建设高清视频监控系统，为网格化体系提供强有力的信息化支撑。区信息中心推动了全区政务网络的全覆盖，社区、村均可实现网上政务办公，为网格化提供了基础设施的支撑。南法信镇加强智慧南法信建设，初步实现土地合同管理、镇村视频监控、各类应急指挥等多种功能的信息化，具有较强的镇域特色。高丽营镇作为全区试点，进行了综合执法指挥中心平台建设，通过指挥中心平台可整合公安、综治、安全、城管、食药、卫生、工商、土地等12个部门的执法力量，加强对镇域内各类违法问题的发现、会诊和综合治理。天竺镇、空港街道、旺泉街道等街镇着手进行区域信息化统筹设计，将网格化体系建设纳入其中，为下一步工作的开展增添了后劲。

五　推动“微网格”微信公众号示范点建设

按照北京市委社会工委、市社会办《关于在社区（村）开展

“微网格”微信公众号试点建设的通知》的要求，区社会办与专业机构会同双丰街道、光明街道、石园街道、旺泉街道、胜利街道、空港街道、牛栏山镇对顺义区试点社区（村）进行了需求调研，经收集归纳形成12条需求，包括面向关注用户进行图文消息的主动推送、信息交流、自动回复、接收随手拍等。充分利用市级专项资金，采取统一标准、统一建设的模式，为全区27个试点社区（村）开设微信公众号，2016年6月全部上线运行。微信公众号开通了“一刻钟服务圈”“便民电话”“办事指南”等在线服务栏目，使便民服务更加高效。通过在“微网格”上开设随手拍、在线服务和便民信息发布等基本功能，实现公众利用智能手机直接参与网格化管理，拓宽城市服务管理网格化体系发现问题的渠道，吸引更多居民参与城市服务管理。为推动微信公众号使用，先后组织举办了两期“微网格”管理员培训，从如何管理平台、如何编写信息、如何宣传推广等方面进行了讲解。顺义区“微网格”微信公众号的上线试运行，加强了社区与居民的互动，拓宽了汇集民意、发现问题的渠道。“微网格”微信公众号发挥了促进全民参与和社会协同的作用，达到了方便邻里社交和促进互助服务的目的。经过近6个月的试运行，截至2016年12月，各试点社区（村）通过微信公众号向社区群众推送600余条信息。

六　有效拓展指标体系功能

社会服务管理创新指标体系是顺义区的创新举措，通过广泛征集群众反映的最关心、最直接、最现实的民生问题，最终形成任务指标，明确主责和配合单位，限时完成，实现问政于民、问需于民、问绩于民。2016年社会服务管理创新指标体系试点单位包括区社会办、区民政局、区广电中心、光明街道、胜利街道、石园街道、空港街道、旺泉街道、双丰街道、牛栏山镇、北小营镇11家试点单位，其围绕本单位核心任务、单位职责和群众需求共确定主责指标101个，涉及配合单位41家，配合指标333个。2016年的指标征集工作具有三个特点：一是进一步推动指标与中心工作相结合，各单位依据本单位的“三定”方案，认真梳理单位主要职能，结合工作重点选定指标，充分体现中心工作；二是指标与群众需求相结合，指标选定更体现群众最关心、最直接、最现实的合理诉求；三是指标与实际情况相结合，指标选定充分考虑本单位的人力、物力、财力及政策要求等因素，结合实际、因地制宜进行指标征集选定。2016年继续聘用第三方评价机构，对101条主责指标按照指标的主客观性和可操作性进行全面分类，根据不同指标分别制定评价方式及抽样比例。

B.7
2016年顺义区公共安全体系建设发展报告

马仲良　谢启辉*

摘　要：2016年，顺义区在公共安全体系建设方面，加强安全生产，完善安全生产隐患排查治理体系，深入推动企业主体责任有效落实。落实"以房管人"，做好人口调控工作。加强食品药品监管，推进网格化监管科技手段运用，提升信息化水平，在监管中积极动员公众力量，引导社会共治。加强群防群治，强化社会治安。推动防灾减灾工作，综合减灾社区建设不断推进。加强城管执法工作，持续严厉打击各类违法行为，成效显著。推动建立健全长效机制，形成科学、合理的矛盾预防和化解工作格局。

关键词：顺义　公共安全体系　人口调控　社会治安　矛盾化解

2016年，顺义区大力实施安全发展战略，推进公共安全体系建设，加强安全生产、做好人口调控工作、加强食品药品监管、强化社

---

* 马仲良，北京市社会科学院原副院长、研究员，现任中关村长策产业发展战略研究院院长；谢启辉，中关村长策产业发展战略研究院副院长。

会治安、推动防灾减灾工作、加强城管执法工作、积极推动矛盾化解，促进了全区经济社会稳定发展。

一　加强安全生产

坚持以隐患排查治理为核心，以标准化建设为主线，从“落实责任、提升标准、优化平台、创新机制、加强教育、典型引路”六个方面全面推进，着力完善安全生产隐患排查治理体系，深入推动企业主体责任有效落实，全区安全生产工作水平稳步提升，安全生产形势持续稳定。

一是落实隐患排查治理责任。在政府层面，出台党政同责、一岗双责等管理办法，对全区各行业、各属地“定责明责”，实施企业分类分级监管，落实安全生产责任体系五级五覆盖。在企业层面，开展落实企业主体责任“十个一”工程，建立责任清单、岗位清单、隐患清单，实现企业主体责任五落实五到位，自 2015 年开展以来已完成全部试点的 313 家企业责任、岗位、隐患清单编制工作。

二是提升标准化达标创建质量。以“一企业一标准，一岗位一清单”的隐患排查治理为核心，突出企业风险点和危险源辨识，引入政府购买服务的方式，从严从实开展标准化创建评审，建立属地、行业、区级核查与市级核查相互联动的核查机制，落实企业黑名单制度，增强企业落实主体责任的内在动力，强化企业安全生产标准化创建效果。截至 2016 年 12 月，全区一级达标企业 18 家、二级 198 家、三级 1526 家、微型岗位达标 8879 家，标准化创建达标率达到 100%。

三是优化隐患排查信息化平台。强化印记管理和流程管理，结合企业安全生产条件普查，充实完善企业安全生产信息数据库，依托系统强化企业隐患排查治理自查、自改、自报的闭环管理，实现安全生产全流程、精细化监管。自 2010 年起持续开展企业隐患自查自报工

作，累计上报隐患45万余项，自查上报率保持在94%左右，隐患整改率达到92%。

四是推行安全生产责任保险制度。发挥安责险在事故预防、转移经营风险、保障安全生产事故伤害人员合法权益的作用，将责任险与标准化工作紧密结合，明确标准化创建企业安责险费率调整标准和办法，制定《加快推进安全生产责任保险制度落实的意见》，加强宣传引导，实施多措并举，自2015年启动安全生产责任保险以来，全区已有900家企业参保，保费达到280万元。

五是强化企业全员教育培训。开通纵横安全教育在线平台，采取线上教育与线下培训相结合的方式，每年对区内1万余家企业、3万余名安全生产负责人和监管人员实施系统的安全生产教育。发挥中北华宇等4家安全教育培训基地的作用，强化企业员工现场体验式宣传教育培训。强化安全生产法治意识，采取逐个属地专项培训、重点属地专门宣讲的方式，加大对新《安全生产法》及《北京市生产安全事故隐患排查治理办法》的宣传力度。

六是发挥典型企业示范引领作用。积极发现、培养在隐患排查治理工作中的典型企业，总结先进做法，抓两头带中间，形成学习典型、超越典型的互帮互学局面。切实发挥顺鑫控股等重点国有企业在企业安全文化建设、标准化达标创建、隐患排查信息化系统应用等方面的榜样作用，通过组织召开先进典型经验交流会、座谈会、加强宣传报道等形式，起到良好的示范带动效应。

七是建立督办机制。为消除“最后一公里”问题，区政府责成区安委会办公室联合区政府督查室对“安全生产大检查”工作进行立项督办，建立覆盖30家属地和26个主要行业部门的督办机制。从方案制订到工作开展、带队检查、专项整治、隐患台账每周上报，实行进程督查。对未按时完成各项工作的单位，由政府督查室跟踪问效，追究相关责任。

二 做好人口调控工作

全面开展人房信息“四查”工作，把人口倒挂村、新建小区、回迁小区、建筑工地等薄弱环节作为重点，开展基础信息摸排工作。制订专项工作方案，对流动人口较多的镇分别召开专题会议进行部署。在普查过程中，强化核查比对，对管辖交叉地区、信息比对问题较多地区进行了现场协调指导。截至2016年11月底，全区共登记流动人口321000人，在顺义区居住工作的本市其他区人口29401人。结合“百日专项行动”、城乡接合部重点地区整治、社会秩序整治等多项整治行动，属地和相关部门通力合作，全面摸排消除出租房屋各类安全隐患。重点开展对平房出租户、出租大院、“三合一”“多合一”出租房屋等进行摸底检查，重点检查平房出租2.2万户，生产加工出租房屋300户，“三合一”“多合一”出租房屋1400户，出租大院1000个。

落实“以房管人”，不断深化出租房屋规范化管理工作。严格执行出租房屋登记备案制度，有效提高登记备案的强制性。有序推进出租房屋协同自治管理，农村地区以5个流动人口调控型试点村为抓手，建立指导机制，进一步明确村级流动人口准入和出租房屋准租条件，明确村级管理工作要点，以及租赁双方当事人责任义务，提升村级人口调控能力，推进村级协同共治工作开展新局面。在城市社区以“八型社区”创建为抓手，明确居委会日常流动人口管理工作方案和考核办法，提升社区出租房屋规范化管理水平。持续推进群租房、违法出租等专项整治，重点开展城乡接合部重点地区综合治理。深入推进市、区两级城乡接合部挂账8个重点村（南卷村、米各庄、西马各庄、杨二营，南半壁店、铁匠营、东海洪、后俸伯）违法出租专项整治行动。整治工作开展以来，各村对一户一档和九本台账进行了规范，流管站硬件建设水平明显提升，按照3‰～5‰配齐配强了专兼职管理员；通过宣传教育、自查自改、联合执法等方式有效整治了违法出租行为。

三　加强食品药品监管

食品药品安全总体状况良好。在全区范围开展食品药品统一监测工作，截至2016年12月底，共抽检食品药品样本14490个，其中，抽检食用农产品样本2381个，合格率为100%；抽检食品样本12109个，其中蔬菜、猪肉、大米、小麦粉、食用油、豆制品、蛋及蛋制品等市级重点食品监督抽检合格率为99.6%；抽检药品、医疗器械样本904个，合格率为99.7%，其中药品监督抽检合格率为99.5%；抽检化妆品样本90个，合格率为98.88%。2016年全区未出现食品药品大案要案、未发生较大食品药品安全事故。

加强网格化监管科技手段运用，提升信息化水平。为进一步落实"推行网格化监管"的相关要求，解决网格化监管中存在的底数不清的问题，区食品药品监管局依托科技支撑手段，加强与软件公司的业务合作，努力打造食品药品网格监管执法平台系统。借助信息化手段，对辖区各类食品药品监管对象的基础数据进行整合、统计和动态监控，实时发布、规划、提示和督促各类监管任务，为网格执法人员开展日常监管巡查工作提供参考，最终实现监管底数清、问题能发现、事态能控制、信息能反馈、监管留痕迹的目标。区食品药品监管局在天竺镇试点建设食品药品安全远程监控系统，采取远程实时监控等现代科技手段，与辖区各餐饮企业厨房监控视频对接，视频图像通过网络传输显示在食药监管所的LED屏幕上，实现对餐饮单位关键点位的远程监控。在南法信镇试点推进10家药品零售企业远程电子监管，在属地政府的支持下，区食品药品监管局为药店安装了监控设备，对药品购进、销售、温湿度环境等进行实时动态监管，重点监控处方药销售行为，远程查看药师上岗、离岗情况。

加强监管能力建设，满足监管服务需求。一是稳步推进属地食品药品监管所建设。全区共设置 24 个基层食药监管所，已有 16 个基层所完成验收（占监管所总数的比例为 66.7%），其中 11 个被评为示范所（占监管所总数的比例为 45.8%），5 个被评为达标所。二是加强食品药品检测能力建设。区食品药品安全监控中心改造工程已于 2016 年 9 月正式竣工，检验检测仪器设备、设施配置到位，监控中心建立了质量管理体系，实现了规范运行和管理，并通过了食品检验资质现场评审。同时，不断强化基层食品药品监管所检测能力建设，各食品药品监管所均按规定建立检测室，并按规范要求完成 7236 件样本的快检工作。此外，继续推进社区食品药品监测站点建设。2016 年新增 20 家商场超市监测点，10 家市场监测点，各检测点设施设备配发到位，各项管理制度、操作规范、检测结果处置流程建立健全，能够充分发挥快检服务和风险筛查功能。三是加强农产品质量安全监管能力建设。区级农产品质量安全综合质检站正式运行，区农委拨付 38 万元资金用于综合质检站实验室资质认证费用支出，积极推动认证工作。同时，按照“五有”目标要求，在 19 个镇设立了食用农产品质量安全管理站，初步形成了区、镇、生产基地三级农产品质量安全检测体系。

积极动员公众力量，引导社会共治。一是以食品安全宣传周、安全用药月、“5·12”防灾减灾日等活动的开展为契机，组织开展以新修订的《食品安全法》、饮食用药安全知识为内容的宣传教育活动。截至 2016 年 11 月底，依托区内外媒体和政务平台刊登食品药品宣传报道和工作信息 412 篇次，制作电视、广播、报刊专版等专题栏目 78 期，有效提升了公众的食品药品安全意识和法律意识。区卫生计生委以预防食源性疾病、营养与健康知识为重点，开展了食品安全“进社区、进校园、进医院”等宣传活动。二是积极推动落实市、区两级举报奖励工作。修订《顺义区食品药品违法行为举报奖励办法》，截至2016年12月，相关部门共申请市级举报奖励24件，申领奖金11512元；申请区级奖励18件，申领奖金8980元，所有奖金已按照规定程序和要求兑付举报人，兑付率达100%。三是推进检测联盟系统建设。发展联盟成员，落实联盟成员单位自检室设备扶持工作，为7家成员单位购置检测设备和耗材，并完善检测联盟平台系统，形成《顺义区食品药品安全检测联盟系统升级方案》，拟对检测联盟数据分析系统进行升级，完善门户网站数据信息，优化用户分类管理、数据录入分析等功能。

四　强化社会治安

对实有人口、110警情、刑事发案率及突出治安问题等进行深入分析，全力推进“一村（格）一警”工作，提高见警率。不断优化群防群治力量人员结构，加强群防群治。以巩固完善基层基础建设为重点，强力推进社会治安防控体系建设，全面强化人物技防建设，2016年为全区122个社区购置配备电动巡逻车398辆，完成更换安全锁芯15016把。

石园街道办事处设立了综合治理网格，将辖区划分为72个网格，设格长72名，副格长144名，按照“1+10+100”管理模式，辖区划分为100个巡逻点位，其中社区内65个巡逻点位，社会面35个巡逻点位，网格员1370人，全面落实网格化巡控措施。石园街道创建社会平安联盟模式，区域内30余家骨干社会单位共同抽调百名值勤人员，成立社会平安联盟值勤队，作为应急力量备勤，登记造册建立实名制台账，平时在本单位及周边开展日常巡逻防控，遇突发情况根据实际需要由联盟统一抽调、安排使用，实现社会力量联勤、社会单位联动，建立健全联动机制。社会平安联盟值勤队分片设立治安巡逻服务岗，在2条平安联盟大街分别设立2个治安巡逻服务岗，每天由30余家骨干单位轮流派出2名值勤人员负责社会面防控和治安维稳工作，营造辖区内治安维稳社会氛围。建立情报信息联动、社会面巡逻防控联动、专项治理联动、处置突发事件联动及建立健全激励机制等联动机制，实现社会单位管理联动。

空港街道结合属地特点，对四个派出所的治安管辖进行统筹考虑，投资100余万元整合组建巡防大队，形成区域一体化巡防模式，形成了行政辖区与治安辖区的无缝对接。巡防队担负了多种职能，包括：全天候巡逻区域内人员密集场所、主要道路等点位；辅助公安、交通、城管，加强对治安乱点、流动人口聚集地进行查控；发现制止上报辖区内违建；治理路面停车秩序及黑车、黑摩的等。

马坡镇“三网结合”推动平安社区建设工作。“三网结合”：一是人防网，组建村口值守员、民调员、巡防队员、治安志愿员、流管员、监控员队伍，形成横到边、纵到底的“三防三守”社会面安保防控人防网，全镇群防群治队伍人数达2175人；二是技防网，投资800余万元更新镇村监控平台，提升监控系统覆盖范围、可视度和夜间清晰度，镇村两级监控系统共设置视频探头833个，与公安部门的监控总台形成监控网络一网对接；三是服务网，建立信息化管理平台，实施流动人口与出租房屋“一站式”服务管理模式，实现信息共享。

五　推动防灾减灾工作

区民政局以区级活动为重点，带动基层开展以“减少灾害风险建设安全城市”为主题的防灾减灾知识宣传活动，通过发放宣传材料，展示防灾减灾知识，讲解自救互救技能等，将防灾减灾知识和自救互救技能宣传到群众中去。组织全区568名灾害信息员开展手机移动报灾培训，提升基层灾害信息员防灾减灾意识和统计报灾能力。投入190万元为行政区域内群众免费投保“行政区域自然灾害意外伤害险”。投入194万元资助本区农房户参保“农房家财保险”。储备21项救灾物资总计2.3万件，价值约650万元，可保障2000人应急救助需求。

北京市公安局顺义分局推动了455个社区微型消防站建设。在长期的工作中，顺义分局发现消防隐患主要存在于小门店、小作坊、小型娱乐场所、出租屋，以及城中村等消防设施配套不齐或没有配套的区域，而城乡接合部、农村等区域往往位置偏僻，交通不便，消防车辆进入耗费较长，常常出现“远水救不了近火”的问题。为进一步加强火灾防控基础工作，在区委、区政府支持下，顺义分局积极推进“有人员、有器材、有战斗力”的社区微型消防站建设，取得了明显成效。全区累计投入资金2870余万元，建成社区（村）微型消防站455个，并安装独立式火灾报警器81000余个，符合建设微型站条件的257家重点单位也已全部建成。在每个村、社区都组建了消防志愿者队伍，每个微型消防站配备8~10名消防志愿者，并实施轮番值班制度，做到出现火情一个电话就能立即到位，参加救火。

综合减灾社区建设不断推进。各社区采用多种形式开展防灾减灾知识、技能宣传及防灾减灾培训演练，使居民了解防灾减灾知识，提高避灾自救互救技能。2016年，胜利街道怡馨家园第一社区、光明街道滨河小区第二社区被国家减灾委员会、民政部联合授予“2016年度全国综合减灾示范社区”荣誉称号。

六　加强城管执法工作

区城管执法工作紧密结合市委、市政府，以及区委、区政府重点工作任务，以整治无照经营、露天烧烤、非法小广告、店外经营、堆物堆料、白色污染和生活垃圾、户外广告牌匾、施工现场和泄漏遗撒等八类街面秩序问题为核心，以“五个三”专项行动和百日专项行动为主线，持续严厉打击各类违法行为，成效显著。

持续开展“降三尘”行动，全面做好大气污染防治工作。围绕“三烧”、雾霾两大治理重点，结合顺义区清洁空气行动计划、燃煤调控与小散乱污企业治理、“大气污染年”行动等，综合运用“事前布控、非现场执法、联合执法”等工作措施，加强环境监督管理和执法检查，并定期开展施工扬尘、露天烧烤、露天焚烧、街头无照售煤集中整治活动，对违法违规行为严惩不贷。特别是重污染天气时根据预警级别落实相应应急措施，加大对违法行为的巡查执法力度，避免出现盲区、死角。

持续开展“治三乱”行动，全面净化街面环境秩序。综合运用“错时管理”“多班轮值”等措施，突出“技防+人防”管控，定期开展联合执法，不断加大无照经营、店外经营、堆物堆料等违法行为的整治力度。特别是在全区商业聚集区、人口密集区，推进巡查方式、整治标准、执法责任制的精准化管理，实现全方位、全时段地巡查、监控。同时，协调属地加强日常监管，巩固联合整治效果，防止问题反弹。

持续开展“严三查”行动，全面提升城市市政公共安全。坚持从燃气供应企业抓起，建立健全与行业主管部门的联动协作机制，不定期开展联合执法检查，严厉查处相关违法行为；坚持从餐饮公服用户抓起，深入开展检查走访，全面排查安全隐患、督促指导落实整改；坚持从燃气个人用户抓起，主动对接燃气公司，加强前期巡检，及时发现、及时制止并责令改正问题。

持续开展“抓三清”行动，全面优化外立面空间环境秩序。以清掏非法小广告窝点行动和视觉环境净化行动为抓手，按照“属地为主、行业主管部门指导、各相关单位配合”的原则，积极开展非法小广告、户外广告、牌匾标识和电子显示屏综合清理工作。坚持与“门前三包”管理、与商业促销活动秩序管控、与会议环境秩序保障相结合，统筹落实“清理乱点、掏挖窝点、停机警示、行政处罚、合力打击、增建设施、宣传引导”等措施，有效打击和遏制了非法小广告的蔓延。

全面履职，大力开展联合督导检查和“四公开、一监督”工作。2016 年 1 ~ 11 月，区环境秩序联合督查组共检查主要大街 3720 条、重点点位 4888 处，发现市容环境、施工工地、环境保护等问题 5000 余起，向相关部门发送《监管通知单》3246 件，按期反馈 3246 件，整改率达 100%，有效解决了因责任不到位而出现的问题，最大限度地净化了街面环境秩序。充分借助区城管执法监察协调办平台，积极协调各镇、街道及相关委办局等成员单位汇总报送相关数据，并每月进行“月检查、月排名、月曝光”，充分调动了各成员单位工作的积极性，有效减少了职责不清等问题。

精细履职，切实做好城管热线受理工作。不断完善“日统计日报送—回访日通报—月通报—月考核”制度，积极践行“热线受理”市局、区局、执法队三级平台的闭环运行模式，做到第一时间倾听、第一时间处理、第一时间反馈。针对部分区域环境问题频发的情况，坚持联合执法、集中整治突出问题，加强巡查、主动制止问题，关口前移、全面遏制问题，有效减少了举报数量，大幅提升了市局回访解决率、反馈率、满意率。2016 年 1 ~ 11 月，共受理有效举报 20687 件，举报数量下降明显。特别是 10 月举报量（1009 件）最小且下降幅度最大，同比下降 20.5 个百分点，环比下降 31.4 个百分点。

创新履职，积极推进城市环境管理综合执法改革。2016 年，完成区城市环境委办公室组建工作，试运行综合执法模式，协调公安、住建、规划、交通、园林绿化等成员单位开展综合执法，集中解决了澜西园露天烧烤、马坡佳和宜园环境脏乱等一批群众关注、举报高发的环境秩序问题。大力推进“城管 +”工作模式，全面提升队伍“影响力”，坚持践行“假日文明行动”宣传方式，与城管志愿者组成“城市文明宣传队”，引导广大群众自觉克服不文明行为；坚持开展“城管法规直通车”品牌宣传活动，深入社区、学校、工地、企业、商户宣传城管法规。

七 积极推动矛盾化解

推动建立健全长效机制，形成科学、合理的矛盾预防和化解工作格局。完善信访联席会议制度，将顺义区处理信访突出问题及群体性事件联席会议更名为顺义区信访工作联席会议，完善了区总工会、人力社保局、司法局、信访办、法院五方联动工作机制，进一步明确职责，推进信访与人民调解、行政调解、司法调解的联动工作。2016年以来，共召开信访问题联席会议 12 次，积极协调职能部门，化解处置各种社会矛盾。

矛盾纠纷源头化解到位，排查调处作用有效发挥。坚持源头预防，提前预判，事前处理的原则，有效预防和减少矛盾纠纷的发生，做到“早发现、早解决”。一是开展矛盾排查，坚持严之又严、细之又细的标准，2016 年以来，区信访办开展区级矛盾大排查 5 次，涉及隐患 10 个方面，梳理出重点关注问题 29 项，并建立台账督促矛盾化解，化解率达到 86%。二是加强矛盾调处，针对排查梳理出的重点隐患，实行领导包案，开展案情会商，制订有针对性的工作方案，区域内各单位及时化解了隐患问题，实现了小事不出村（居），大事不出区。三是推进基层创新和源头治理，信访工作的重点在基层，难点在基层，活力源泉也在基层，推进基层信访工作创新是打牢根基、夯实基础的必要举措。近年来，顺义区基层信访工作创新取得明显成效。例如，北小营镇以基层党组织建设来引领信访工作，提出了

“1 +1 +15”工作模式，主要内容是由1名党员和1名村民代表结对联系15户左右的村民。全镇现有工作组523个，党员和村民代表1046人，实现了每家每户有人服务、有人管理。“1 +1 +15”工作模式已充分运用到该镇信访工作当中，直接将“连民心恳谈室”开到群众家中，基层党员和村民代表可直接代理群众反映合理诉求，为上级政府及时了解群众诉求提供了新的平台，真正实现了服务群众“零距离、全覆盖”。

开展人民调解工作。2016年，全区各类人民调解组织调解纠纷11522件，成功11221件，成功率达97.4%。加强矛盾纠纷化解平台建设，实现全区5823名调解员，597个调解组织动态备案管理，推进264家调委会达到规范化标准，完成15名区级专家、77名街道（镇）级专家人民调解专家库入库仪式。

顺义法院立案庭诉前高效化解矛盾纠纷，建立了诉非衔接中心，成立了4组由“1名法官 +2名人民调解员 +1名书记员”组成的团队打造的先行调解、速裁审判与快速转审无缝对接全流程纠纷化解模式，将立案阶段化解纠纷的平均结案期间缩短到5天。与此同时，借助与行政机关、仲裁机构、人民调解组织四方联动，大量矛盾被成功化解在诉讼之前，顺义法院仅在2016年的前5个月收案量就下降了15个百分点。立案庭从2016年4月1日正式启动速裁调解组运转模式，两个月就办理了755件案件，占同期全院民事案件总量的比例为24.1%，化解成功率高达89%，其中只有9件为速裁判决结案。同时，对于那些未能达成调解协议，又不适用速裁程序的案件，立案庭还与各审判庭建立“快速转审”工作机制，依法立案后快速移送审判庭进入正式审理。转审中还同步移交前期调解阶段形成的笔录和案卷，避免了审判庭法官重复劳动，提升办案效率。顺义法院被列为全国多元化纠纷解决机制改革示范法院。

B.8

2016年顺义区社会领域党建发展报告

马仲良　单继礼　朱广娜*

摘　要：　2016年，顺义区在社会领域党建方面，理顺党建管理体制，不断扩大非公企业和社会组织党的组织和工作覆盖面。开展社会领域基层党建工作述职评议考核，切实强化社会领域党组织书记抓党建工作的“主体、主责、主业”意识。在社会领域党员中深入开展“两学一做”学习教育活动，切实收到实效。社区党建、社会组织党建、非公经济组织党建得到进一步加强，区域化党建工作深入推进，深入开展基层服务型党组织星级创建活动。

关键词：　顺义　社区党建　社会组织党建　非公经济组织党建

2016年，顺义区社会领域党建以基层服务型党组织建设为抓手，以更严更实的标准扎实推进社区、社会组织、非公经济组织的党建工作，集中推进非公企业和社会组织“两个覆盖”，以及社会组织党建三年行动计划的任务落实。

* 马仲良，北京市社会科学院原副院长、研究员，现任中关村长策产业发展战略研究院院长；单继礼，顺义区委社会工委调研员；朱广娜，顺义区委社会工委、区社会办党建科科长。

一　进一步理顺管理体制

统筹谋划，强化顶层设计，制定《关于进一步加强全区非公有制企业和社会组织党的建设工作方案》及《顺义区非公有制经济组织和社会组织党建工作联席会议制度》等制度性文件，构建区委统一领导、区委组织部牵头抓总、区委社会工委具体指导、全区各有关部门结合职责协同推进、各街道（镇）兜底管理的非公有制企业和社会组织党建工作格局。区委书记，区委副书记，区委常委、组织部部长多次带队走访调研非公企业和社会组织党建工作，立足顺义发展临空经济和推进社会服务管理创新的实际，理清工作思路，明确以产业功能区党建为抓手，充分发挥优化发展镇楼宇众多、产业聚集的优势，大力推进区域化党建和商务楼宇党建，探索建立企业党建与商业街区互利共赢的“商圈”党建发展模式，在总结村（居）规民约的基础上，试点商规店约，形成社区、商户、主管部门党建共建，协同共治的党建格局。区委组织部、区委社会工委、区民政局、区工商分局建立联动机制，研究重点任务，明确推进措施，制定非公有制企业和社会组织党建工作任务分解，24 家区直部门、3 个园区、25 个街道（镇）组成区级非公企业和社会组织党建协调机构，形成联席会议机制，细化部门职责任务，着重强化登记部门优势，加快推进非公有制企业和社会组织党组织建设，发挥好引领、带动、扶持作用。发挥区级非公有制企业和社会组织党建协调机构作用，开展非公有制企业和社会组织党组织和党的工作覆盖“百日推进工程”，通过从民政、工商、税务等部门收集相关数据并按属地进行分类整理后，由各街道（镇）、功能区对其辖区内的非公企业和社会组织对照总表进行逐一筛查，从源头上进一步明确底数，摸清核实正常经营运转的非公企业 2527 家，社会组织 346 家。在集中开展摸底调查工作中，区委社会工委、区民政局、区工商分局三家登记管理部门牵头，各街道（镇）、园区等属地托底，全区统战、教育、卫生计生、文化、司法、财政、税务等部门结合工作职能做好配合，对联系管理的社会组织的组织设置、党员人数等信息进行摸排，对部分无员工、无活动、无场所的“空壳组织”进行规范清理。分类建立社会组织党建台账，并统一报区委组织部进行汇总。经各部门联审核对无误后，形成全区社会组织党建总台账和部门分管子台账，在此基础上同步建立党组织，不断扩大非公企业和社会组织党的组织和工作覆盖面。

开展社会领域基层党建工作述职评议考核，夯实社会领域党组织书记抓基层党建工作的主体责任。121 个社区党组织书记以及 298 个非公企业和社会组织党组织书记全员进行 2016 年度党建述职。述职内容涵盖履行党建责任制、推进基层党建重点任务、加强和规范党内政治生活、党风廉政建设、意识形态工作、贯彻落实上级规章制度情况、发挥领导班子整体功能等多项内容，同时深刻剖析自身存在的问题，明确下一步整改措施，切实强化社会领域党组织书记抓党建工作的“主体、主责、主业”意识。

二　深入开展“两学一做”学习教育活动

按照中央、市委、区委统一部署，在全体社会领域党员中开展“学党章党规、学系列讲话，做合格党员”学习教育活动。制定下发《关于在全区非公有制企业和社会组织党员中深入开展“两学一做”学习教育的通知》，对在全区非公有制企业和社会组织党员中开展“两学一做”学习教育的总体要求、重点解决的问题、学习教育内容提出了明确要求，要求突出问题导向，做好关键动作。非公有制企业和社会组织学习教育的领导关系按党组织隶属关系确定。区委社会工委负责全区非公有制企业和社会组织“两学一做”学习教育的指导督查工作。各镇党委、街道工委、经济功能区工委成立专门指导小组，对工作周密部署安排，确保每一个党支部尤其是非公经济组织和社会组织党支部学习教育全覆盖。各主管部门结合自身职能，做好具体指导，丰富学习教育的形式和内容，区委教育工委重点抓好民办学校党员的学习教育，区司法局重点抓好律师党员的学习教育。同时，注重发挥“枢纽型”社会组织和行业协会商会党组织的协同作用，区工商联、区民政局社会组织党委充分发挥联系纽带和职能优势，对未建立党组织的非公有制企业和社会组织，在党员学习培训、开展活动、场所保障等方面提供支持保障。各非公有制企业、社会组织党支部发挥主体作用，结合实际制订学习计划，执行好“三会一课”制度，组织全体党员落实学习任务。未建立党组织的非公有制企业和社会组织，鼓励引导本单位党员按照就近就便原则，主动参加所在社区（村）党组织或经济功能区党组织的学习教育。区委社会工委建立了由下至上、逐级畅通的信息反馈和分析报告制度，即时报送信息，定期听取汇报，开展研究分析，推广先进经验。借鉴群众路线教育实践活动和“三严三实”专题教育的成功经验做法，依托党员日常教育管理制度，融入经常性学习教育。以开展“两学一做”学习教育为契机，各社会领域党组织对每年各党员的党费收缴明细及工资台账进行逐一梳理、核对，全面从严开展党费收缴专项检查。

各街道、社区党组织对“两学一做”学习教育思想上重视，部署上到位，措施上有力，学习教育活动进展顺利，取得了较好成果。各社区在“两学一做”学习教育中对不能到会参加集体学习的高龄、行动不便的党员，专门组成了送“学”小组，开展送“学”上门服务，实现学习在社区党员的全覆盖，强化了党员意识。胜利街道工委根据党员实际情况，分类组织学习教育，保证每个党员都能参学，实现学习教育对象的全覆盖，并定期聘请党校老师为街居干部授课，为机关全体党员，社区党总支书记、副书记、支委委员开展讲座十余次，进一步加深对“两学一做”学习内容的理解把握。在学习方式上，坚持“网上学习”和“网下学习”相结合。同时，抓好“做”这个关键，着力解决群众关注的难点问题，严把“三关”扎实推进3个老旧小区改造工程，并严格按照“三下三上”要求，从社区实际出发，从群众反映强烈的私搭乱建、破坏草地、养狗不栓链等问题入手，带领党员、居民修订居规民约。空港街道裕祥花园社区党支部充分利用“五色管理信息系统”发布学习任务，开展“一学一测”，对党员进行精准施策、分类施教，借助信息化手段，提高了学习教育的针对性和实效性。旺泉街道宏城花园社区党总支把“两学一做”学习教育作为推进基层党组织建设的有效途径和重要抓手，通过学习教育提升基层党组织服务群众的能力，使社区党员成为群众信得过，靠得住的知心人、贴心人。光明街道裕龙五社区党总支在“两学一做”学习教育中做到“两个结合”，夯实党建工作基础：一是突出规定动作与特色动作相结合，共组织学习27次，召开交流研讨会10次，开展专题党员活动8次，在完成规定动作的同时，开展了一系列特色活动，比如，参观红色教育基地、举办廉政书画展、开展党纪党规知识竞答等，使全体社区党员将“两学一做”学习教育学深学透，入脑入心；二是突出学习教育与先锋引领相结合，引导每位党员在行动上积极作为，离退休干部党支部带头制作“两学一做”专题板报3刊，每季度开展“党员志愿服务日”，党员志愿者发挥各自特长，集中为居民提供义诊、法律咨询、理发、环境整治等便民服务。

三　加强社区党建工作

各社区切实加强党员的日常教育管理工作，严格执行“三会一课”制度，着力从参与日常学习、参加党组织生活会、民主评议、按时缴纳党费、参与社区管理等方面对社区党员进行规范化管理。不断提高党员服务能力，创新服务方式，深入落实联系服务群众制度，将联系服务群众制度化、常态化、长效化。

深入开展社区“三级联创”活动，树立典型，加强宣传，进一步增强社区党组织的战斗力和凝聚力，提升社区党组织的党建工作水平，提高社区党组织服务群众能力。胜利街道建北三社区党总支结合深化“三级联创”活动，力争“五好支部”，掀起了广大社区党员争先进、争一流的热潮，在党员和党员之间、党员和群众之间架起携手共进的桥梁。

“在职党员回社区”活动的深入开展，使在职党员真正融入社区管理和服务中。在职党员到社区报到后，社区党组织将根据在职党员从事的职业、技能特长、个人意愿和社区需求，设立不同的服务岗位。在职党员至少认领1个岗位，利用业余时间以志愿服务的形式，参与社区公益活动。

各社区创建了一系列党建品牌。空港街道裕祥花园社区党支部探索“五色管理法”建立社区党组织服务居民新机制，针对社区存在出租房屋多、流动人口多、老年人多、整体环境差、基础设施差等问题，以五种颜色区分出不同类型的社区家庭，有针对性地提供特色服务管理，形成了“五色管理”服务模式，强化了社区党组织的服务意识，逐步解决了社区存在的突出问题，推进了社区服务型党组织建设。旺泉街道望泉家园社区党支部创立了顺义区首个“社区党员e智能服务管理系统”，利用网络软件、云端服务器、固定输入终端、手持PDA等，对社区党员等群体和服务项目进行智能化管理，实现党员身份亮化、社区活动量化管理、日常信息无纸化发布。石园街道石园东区党总支开展党员先锋日记活动，提升党员的党性修养。旺泉街道牡丹苑社区党支部开展“N+3”党建服务模式，通过“上级党组织、共建单位、社区党员骨干”三方力量组成党建顾问团，监督指导社区党支部为全体社区党员群众开展“N”项党建服务。

胜利街道义宾北社区老干部党支部召开“爱社区　献良策　做贡献”主题党日活动，发挥了离退休党员干部的模范带头作用。旺泉街道前进花园社区党支部建立了以发布“微课堂”、认领“微心愿”、畅通“微循环”、开展“微服务”、发起“微行动”的“五微”党建小阵地，旨在通过支部党员及在职党员的微小行动和服务，实现社区内的大民生。光明街道裕龙六社区党总支“党员七日服务站”荣获“北京市社会领域优秀党建活动品牌”荣誉称号；《从全国优秀院长到社区赤脚医生——贾希武》《社区里的文化人——许丙炎》讲述的两位党员先进事迹专题片被市委组织部采用为现代远程教育教学资源课件。

四　推进社会组织党建工作

社会组织党建工作是新时期加强党的执政能力建设的重要组成部分。区委将社会组织党建作为重点党建任务，纳入全区党的建设总体规划，围绕健全机制、筑强堡垒、注重成效，着力提升社会组织党建水平。区委党建工作领导小组细化考核细则，定期会商研判社会组织党建工作，形成“党委统一领导、党建部门牵头抓总、民政部门指导协调、主管单位具体落实”的工作格局，分层定期组织会商，实时研究解决工作难点，促进社会组织党建有序推进。

顺义区深入落实中共中央办公厅《关于加强社会组织党的建设工作的意见（试行）》，按照北京市委办公厅《关于加强和改进社会组织党的建设工作的实施意见》，北京市委组织部《关于加强和改进社会组织党的建设工作的三年行动计划》等相关文件精神，坚持把党建工作贯穿在社会组织发展的始终，把引领、服务、凝聚的工作方式贯穿在社会组织党的工作的始终。一方面，在区级层面推动建立了社会组织党委，明确以社会组织党委为龙头，积极探索以党建促管理的工作思路，通过单独建、联合建、行业建、孵化建或建立“功能型”党组织等形式，加强社会组织党组织孵化培育和组建指导，促进无业务主管的社会组织更好地开展党建工作；另一方面，各“枢纽型”社会组织积极推动本领域社会组织党建工作开展。积极推动落实“两个同步”，即社会组织登记备案时，同步承诺党建工作；民政部门受理登记备案时，同步开展党建工作。民政部门、社会组织业务主管部门、党建工作机构建立联动机制，实现党建工作与社会组织业务工作同部署、同推进、同落实，将社会组织党的建设嵌入社会组织业务工作和管理之中。为进一步推进社会组织党的组织覆盖和工作覆盖，加强调查研究，通过召开座谈会、实地走访等形式，就顺义区社会组织党建工作的基本情况、存在的问题等进行了专题调研，形成《顺义区社会组织党建工作存在的问题与思考》的调研报告。

顺义区社会组织发展服务中心对三百多家社会组织负责人和党员进行了集中培训，邀请市委党校老师授课，逐步形成“抓培训理思路、抓发动统思想、抓指导求深化、抓典型明示范和抓载体促落实”的党建工作思路。指导社会组织采取单独组建、区域联建和行业统建“三种模式”，依托业务主管单位、依托属地村（居）委会、依托其他社会组织“三依托”的方式，大大加强了党建工作的领导力度。在每年对社会组织等级评定的标准中，加入了对党建工作的评分内容，从党组织的建立、制度的规范和活动的开展三个方面考核，使全区社会组织的党建工作水平明显提升。加强财政保障，通过专项党建保障经费，推动社会组织党建工作的开展。顺义区社会组织发展服务中心还建成了1500余平方米的党群活动中心，用于开展各种党建教育和培训，展览展示党建活动和成果，为其他社会组织党支部开展活动免费提供场地和资源支持，有力地促进了党建工作。

五　推进非公经济组织党建工作

加强非公企业党员教育管理工作，按照“控制总量、优化结构、提高质量、发挥作用”的要求，狠抓非公企业党员发展的薄弱环节，加大非公领域党员发展力度。按照顺义区党员组织关系集中排查工作部署，深入开展党员组织关系排查工作，规范管理党员组织关系，积极稳妥做好不合格党员处置工作。

立足顺义发展临空经济和推进社会服务管理创新的实际，理清工作思路，明确以三大产业功能区党建为抓手，充分发挥优化发展镇楼宇众多、产业聚集的优势，大力推进区域化党建和商务楼宇党建，探索建立企业党建与商业街区互利共赢的“商圈”党建发展模式。推动非公有制企业履行社会责任，在全区非公有制企业中开展新经济组织履行社会责任评价活动，经自愿申报、择优推荐、审核公示等环节，嘉和一品、百迈客、嘉寓、信得威特共4家企业入围“北京市新经济组织履行社会责任百强榜”，通过评价活动，挖掘和树立典型、增强示范效应，进一步提高了顺义区非公有制企业履行社会责任意识。

按照《关于在全市聘请离退休党员干部担任非公有制经济组织党建工作指导员的通知》和《北京市离退休党员干部担任非公有制经济组织党建工作指导员的管理办法（试行）》等文件要求，2016年共聘用了39名业务能力过硬、作风扎实、素质优良的离退休老干部，直接指导非公企业党组织开展党建活动，进一步增强了非公企业党组织的凝聚力和战斗力，同时帮助未建立党组织的非公企业尽快建立党组织。

制定《非公经济组织党建工作“星级达标”考评办法》，采取镇党委、街道工委、经济功能区党委初评和区委组织部、区委社会工委、区工商联汇总考评相结合的方式，对全区非公经济组织党组织进行考评，推动全区非公经济组织党建工作常态化、规范化，进一步提高非公经济组织党建工作整体水平。

顺义区委围绕律师党支部覆盖率低、律师党员结构不合理等律师行业党建难题，探索实施了“三个三”机制，“盘活”了全区律师行业党建。通过选优党建带头人、党建“辅导员”、党建“巡查员”“三种人”，配强“台柱子”。坚持“三个加”，铺平“新路子”，即党建“+”业务，建立律所与所驻地基层单位的联系机制；党建“+”所建，将律师行业党建纳入律协及律所的全年工作安排；党建“+”服务，将村居法律顾问、法律援助等公益法律服务与律师行业党建结合起来。立足“三个化”，激活“大摊子”，即项目孵化强支部，支持律师党支部探索党建项目孵化；结构优化壮队伍，促使律师党员队伍结构持续优化；机制固化塑形象，完善党建各类制度，设立党员律师先锋岗。在“三个三”机制的推动下，律师行业党建有序推进、持续深化。

顺义工商分局在推进非公经济党建中，将私营个体经济指导服务中心党支部调整为党总支，分阶段、分批次核对非公经济党支部和党员底数，做到逐一登记造册，结合台账对党员分布进行分析，按照“成熟一个组建一个，组建一个巩固一个”的原则，选派党务工作丰富的分会长、所长或副所长担任非公党建指导员，有针对性地联系重点对象，从完善组织构建和加快党建工作人员培训入手，做好宣传指导工作。抓分类指导，先后多次召开由工商所长和非公支部书记、党员代表参加的非公党建工作座谈会，就非公支部建设及发展党员、如何发挥党员模范作用、如何开展活动开展深入交流，不断提高非公党支部党员的组织意识、纪律意识、义务意识。积极开展非公党建工作专题调研，2016 年以来共走访港洁物业、路星公司、居然之家等 10 家支部，向党建重点企业发放党建宣传手册 600 余本。

2016 年，由顺义区胜利街道工委、办事处全力打造的全区首家以非公企业、流动党员为服务对象的非公党建文化活动中心在华玺瀚椁社区挂牌成立。中心占地面积 225 平方米，设有多功能会议室、e 家工作室、党群沙龙活动室、书吧、流动党员工作室等场所，为辖区 470 家非公企业和十余名流动党员提供党员学习教育、劳动用工服务、企业文化建设、企业品牌推广、党群文化休闲活动、志愿者队伍培育等综合服务，从而提升党建凝聚力，实现以企业党建为引领，促进企业发展、服务全区民众的目的，是集党员教育、管理、服务、休闲为一体的党建工作新载体。中心的成立，为企业、流动党员开展党建的各项工作和活动提供了坚强的组织保障和阵地保障。

各非公经济组织党建工作得到了进一步加强，如松下普天党支部始终坚持并努力推进“将优秀的公司业务骨干培养成党员，将优秀的党员培养成公司的业务骨干”的“双培”工程。2016 年，有 3 名党员、1 名培养对象、1 名积极分子获得公司年度评优奖励，初步展现了“双培”工程的效果，体现了党员的先进性及模范带头作用。2016 年度，松下普天党支部获得了北京市委社会工委颁发的“北京市社会领域先进基层党组织”称号。

六　开展区域化党建工作

按照“党建引领、区域联动、共治共享”的工作思路，探索“三级平台、四个机制、四项保障”的区域化党建工作模式，实现资源整合和服务效果的双优化。全区 6 个街道均已成立党建工作协调委员会，形成了驻区单位、非公有制经济组织和社会组织党组织、社区党组织负责人和党员群众代表共同参与的区域化党建工作格局。强化区域统筹，将区域化党建工作与街道管理体制改革、网格化社会服务管理体系建设、社区共驻共建、在职党员回社区等重点工作进行对接，并将社会服务管理创新指标作为协商确定区域化党建工作项目和服务任务的重要参考，把非公有制企业、社会组织党建工作作为重点进行突破。按照“一街道一特色”“一社区一品牌”的工作要求，合力打造一批学习型、服务型、创新型的区域化党建工作特色品牌。

2016 年 12 月，双丰街道工委启动区域化党建“新城芯”项目。为进一步加强双丰街道区域化党建工作，街道工委倡议与马坡镇、新城办、绿色生态集团、潮白河管理处 4 家单位共同发起，创立顺义新城地区区域化党建品牌项目“新城芯”，以“多点支撑、互为主场、服务居民、共同发展、成就新城”为顶层设计理念，构建以双丰街道为核心、以各协作单位互为主场、以共同服务群众为重点、驻区单位党组织和社区内全体党员共同参与的区域化大党建工作格局。根据《顺义区机关企事业单位党组织以集体报到形式开展在职党员回社区活动的实施方案》要求，双丰街道工委与全区 23 家单位成功对接，共拟定服务项目 83 项，汇聚在职党员 1000 余名。据不完全统计，已开展沟通会、座谈会、知识讲座会、政策解读会、综合志愿服务等各类活动 65 项，服务惠及群众达 10000 余人次。

七　开展基层服务型党组织星级创建活动

按照《关于开展基层服务型党组织星级创建活动的实施方案》要求，在社区、非公企业、社会组织党组织中，以“有坚强有力的领导班子、有本领过硬的骨干队伍、有功能实用的服务场所、有形式多样的服务载体、有健全完善的制度机制、有群众满意的服务业绩”为建设目标，设置了班子建设星、服务队伍星、阵地保障星、载体创新星、工作机制星、服务业绩星，通过明确创建标准，严格落实推进措施，扎实开展“六星”基层服务型党组织创建活动，把健全党的组织生活制度，按时开展“三会一课”，严格落实民主集中制等内容列为基层服务型党组织星级创建的重要指标，推动了全区社会领域党建工作常态化、规范化，进一步提高社会领域党建工作整体水平。将加强基层服务型党组织建设情况作为领导班子和领导干部工作实绩评定的重要依据，列为基层党建述职和“三级联创”的重要内容，推动活动持久深入开展。按照“成熟一批、评定一批、带动一批”的原则开展创建活动，变集中评审为长效推进机制。完善奖励激励机制，设立基层服务型党组织专项支持资金，对做法突出、创新力度大、实效性强的党组织进行奖励。2016 年全区共评审出 90 个“六星”基层服务型党组织和 20 个“星级晋升先进基层服务型党组织”，在“七一”大会上进行表彰宣传，每个给予 5 万元的资金支持，切实激发基层党组织的积极性和主动性，有效推动基层党组织进一步落实服务功能、强化政治功能，充分发挥战斗堡垒作用。

专 题 篇

Special Reports

B.9
对推进“枢纽型”社会组织参与社会治理的几点思考

区委社会工委、区社会办

摘 要: “枢纽型”社会组织通过在业务管理上发挥引领带头作用，带领同类别、同性质、同领域社会组织，积极、主动地参与社会治理。近年来，顺义区明确提出了构建“枢纽型”社会组织工作体系的建设思路，形成了“枢纽型”社会组织服务管理工作的新机制。“枢纽型”社会组织通过加强制度建设，有效规范社会组织行业行为；通过整合区域资源，不断提升社会组织整体能力；通过购买政府服务，切实保障社会组织长远发展；通过进行广泛动员，积极开展社会组织公益活动。面向未来，对“枢纽型”社会组织参与社会治理，应以引导、管理为引擎，以规范、宣传为驱动，坚持“规范发展”与“监督管理”并重，加强对领域内社会组织的培育和指导。

关键词： 顺义 “枢纽型”社会组织 社会治理 社会参与

“枢纽型”社会组织是对同类别、同性质、同领域社会组织，进行联系、服务和管理，在政治上发挥桥梁纽带作用，在业务上处于龙头地位，在管理上承担业务主管职能的联合型社会组织。随着市场经济高效快速发展、政治体制全面深化改革，社会组织的地位日益凸显，而“枢纽型”社会组织作为社会组织的联合体、综合体，其管理模式的建立，成为党和群众之间密切联系的重要纽带和桥梁。“枢纽型”社会组织以搭建平台、引领聚合、咨询指导、信息宣传、反映诉求等为主要功能，在政策指引、培育发展、转变职能、资源共享、维护稳定等方面都发挥着重要作用。在“党委领导、政府负责、社会协同、公众参与、法治保障”的社会治理的大格局下，如何有效推进“枢纽型”社会组织主动参与社会治理、积极解决问题，成为当前创新社会治理工作中的一项重要任务。

一 推进“枢纽型”社会组织参与社会治理的必要性

社会治理是一个多元参与、理性协商的过程。社会组织参与社会治理，既是社会治理的题中之意，也是政社合作的内在要求。“枢纽型”社会组织是搭建在政府管理部门与社会组织之间的重要桥梁和纽带，已经成为社会组织参与社会治理的主力军，在业务管理上发挥引领带头作用，带领同类别、同性质、同领域社会组织，积极、主动地参与到社会治理当中来。同时，党的十八届三中全会通过的《中共中央关于全面深化改革若干重大问题的决定》中，首次提出“创新社会治理体制”“激发社会组织活力”，在社会治理过程中要“坚持系统治理，加强党委领导，发挥政府主导作用，鼓励和支持社会各方面参与，实现政府治理和社会自我调节、居民自治良性互动”等，为社会组织参与社会治理指明了方向。此外，为加快推进创新社会治理机制，不仅要尽快实现各类社会组织与行政部门在机构、人员、财务等方面分离，而且还要保持党委、政府的主要领导地位，对“脱钩”的社会组织继续开展行业管理、政策指导、提供服务等工作，这就促使“枢纽型”社会组织必须在创新社会治理工作中扮演着至关重要的角色。

二　顺义区“枢纽型”社会组织体系建设的基本情况

2010 年，全市全面推进社会服务管理创新工作，市委、市政府出台了“1 +4”一系列重要文件，明确提出了构建“枢纽型”社会组织工作体系的建设思路，形成了“枢纽型”社会组织服务管理工作的新机制。

为贯彻落实市委、市政府相关文件和要求，结合顺义社会组织发展实际，在广泛调研的基础上，制定了《顺义区关于加强社会组织管理实施意见》（京顺发〔2010〕20 号），明确了构建区级“枢纽型”社会组织工作体系的工作目标。按照“成熟一批、认定一批”的工作思路，通过“提升—改造”的方式，先后分三批次共认定了 21 家区级“枢纽型”社会组织，其中，人民团体及各类行业协会等

14家、社区社会组织联合会6家（因农业专业合作组织服务中心已撤销，区级“枢纽型”社会组织总数变为20家）。纳入前14家人民团体、各类行业协会等“枢纽型”社会组织管理体系的社会组织大约有364家，1000余家社区社会组织全部纳入6家社区社会组织联合会的管理体系当中。在此基础上，积极推进镇级“枢纽型”社会组织的建设，在19个镇成立镇级社会组织联合会，通过整合和激活镇域内社会组织资源，延伸农村社会组织服务范围，将农村社区社会组织全部纳入镇级社会组织联合会管理范畴，实现城乡社区社会组织全覆盖，构建较为完善的区、街、镇“枢纽型”社会组织服务管理体系，为“枢纽型”社会组织参与社会治理打下了基础，创造了条件。

三 “枢纽型”社会组织参与社会治理的基本情况

“枢纽型”社会组织自成立以来，充分发挥主力军的功能、作用和优势，引导、动员本领域社会组织，从推动经济发展、推进社会治理、服务人民群众的角度出发，积极、主动地投身社会治理的工作之中。

一是加强制度建设，有效规范社会组织行业行为。“枢纽型”社会组织针对工作中出现的热点、难点问题，积极研究制定各项规章、制度和政策措施，通过制定行规行约和行业标准等规范性文件，加强对本领域社会组织的约束与指导，并形成长效化机制，有效提高了领域内社会组织的规范化、服务化水平。例如，区妇联、区空港街道社区社会组织联合会等，都研究、制定、出台了一系列规章文件，在日常管理、工作流程、活动开展等方面都提出了明确要求，有效规范了社会组织的日常工作。

二是整合区域资源，不断提升社会组织整体能力。“枢纽型”社会组织充分发挥引领、带动作用，积极整合域内社会资源，结合区域内特点，搭建沟通交流平台，开展不同形式的培训、交流、研讨、外出考察等主题特色活动，不断提升社会组织自我管理、自我发展、服务社会等能力。例如，每年组织社区社会组织负责人培训、社会组织间的交流与研讨，通过专业知识的学习、典型经验的交流等方式，互帮互学，取长补短，弥补了各社会组织的自身能力建设不足、自身发展乏力等问题，提升了社会组织整体的能力水平。

三是购买政府服务，切实保障社会组织长远发展。“枢纽型”社会组织动员本领域内社会组织主动参与政府服务项目的购买。以政府服务项目为抓手，通过购买“管理服务项目”“市、区两级的社会服务项目”等多方融资方式，积极争取更多资金支持，有效地弥补了“枢纽型”社会组织日常工作经费的不足，较好地缓解了资金对社会组织可持续性发展的制约，提高了领域内社会组织的“输血”“造血”功能，切实保障了社会组织长足发展。

四是进行广泛动员，积极开展社会组织公益活动。“枢纽型”社会组织带领领域内社会组织积极发挥自身行业优势，开展主题鲜明、内容丰富、形式多样的社会组织公益活动。5 年来，全区公益活动累计开展近 500 余项，为社会提供各类服务 800 余场次，发放各种宣传材料 10 万余份，服务群众超过 20 万人（次）。同时，“枢纽型”社会组织还积极开展公益服务品牌的创建工作，培育示范效应好、影响力大的社会组织公益服务品牌，先后有 7 个服务品牌被评为市级公益服务品牌，20 个服务活动被评为区级公益服务品牌，不断促使顺义社会组织公益活动朝着经常化、品牌化的方向发展。例如，区三农研究会面向农村开展的“助力三农”项目，通过“惠农政策大讲堂”“村干部接待日”“三农文化展”等公益活动，给村干部支招献策，搭建 400 平方米的科普展厅，用来展示垃圾分类、生活节水等七项内容，常年免费对外展出。同时，帮助村级党组织编写社区治理方案，并深入实际跟进指导，对村党组织负责人、村“两委”委员、农村实用人才分别进行素质提升培训，取得了显著的成效，先后荣获市级“社会组织示范基地”“科技兴村先进单位”“科技普及工作先进集体”和“科普教育基地”等多项荣誉称号；80后义工社依托石园北三社区居委会的服务场地，面向石园北三社区，每月在固定日期、固定场所，按照服务类别划分场地开展集中服务和上门服务，为空巢、独居、失独老人，提供基本按摩、理发、修剪指甲等服务，几年来共发展会员及志愿者近2600人，开展服务项目15个，开展活动1200场次，服务社区居民近4万人（次）。在社区产生了很大的影响，形成了社区服务的品牌形象，提高了社会对社会组织认同感，传递正能量，倡导新风尚，促进社会和谐。

虽然“枢纽型”社会组织在参与社会治理中的角色日趋明显、功能日渐强大、地位不断提高。但在实际的管理运行中还是存在诸多的不足：一是从“枢纽型”社会组织认定方式来看，21家“枢纽型”社会组织全部都是由政府认定而来的，在资源获取、工作联系、服务提供等方面有一定的“行政化”色彩，从而导致对其如何在社会治理中充分发挥“枢纽”的功能与作用，思想认识上还不是很高；二是从“枢纽型”社会组织人员素质来看，大部分是单位兼职人员，人员流动较快，专业化程度、服务品牌意识、自身能力素质与当前社会治理发展的新要求还存在一定的差距；三是从“枢纽型”社会组织培育发展来看，对“枢纽型”社会组织虽有资金支持，但在监督管理、作用发挥，以及资金使用效果等方面还缺乏相应的科学考核和评估机制；四是从“枢纽型”社会组织参与社会治理的途径来看，还存在管理制度不完善、运行机制不规范、参与途径不广泛、服务引导不到位等问题。

四 对推进"枢纽型"社会组织参与社会治理的几点思考

针对"枢纽型"社会组织在参与顺义区社会治理中的现实情况，应以引导、管理为引擎，以规范、宣传为驱动，坚持"规范发展"与"监督管理"并重，加强对领域内社会组织的培育和指导，提升领域内社会组织的内涵与能力，激发领域内社会组织参与社会治理的潜能与活力，规范领域内社会组织的运行与活动，力争在现有基础上实现新的突破。

（一）积极引导，搭建平台，助推"枢纽型"社会组织参与社会治理新发展

一是加大引导力度，推进职能转变，增强"枢纽型"社会组织参与社会治理的职能意识和法治观念。积极引导"枢纽型"社会组织动员领域内社会组织深入推进体制、机制改革，以区域问题、区域需求为切入点，不断强化社会组织的社会服务和社会治理职责，充分发挥"枢纽型"社会组织在参与社会治理中的桥梁、纽带作用，加快实现政社互动，政社合作，激发"枢纽型"社会组织参与社会治理的创造力；积极引导"枢纽型"社会组织动员领域内社会组织加强与"人民群众、政府部门、社会组织"之间的沟通和交流，不断完善民意反馈，使"枢纽型"社会组织参与社会治理的效益得到最大化展现；积极引导"枢纽型"社会组织充分发挥"领头羊"的导向作用，增强领域内社会组织法治观念，在领域内逐渐形成"学法、守法、用法"的良好氛围，以法治治理助推"枢纽型"社会组织参与社会治理的规范化管理。

二是搭建信息平台，不断壮大队伍，加快推进"枢纽型"社

会组织参与社会治理的信息化进程和覆盖面。要积极鼓励“枢纽型”社会组织带领领域内社会组织不断加强信息化平台建设，搭建自身业务管理及活动宣传平台，通过利用“互联网+社会组织”的管理新形式，推动微信公众号、移动APP平台等的创建，冲破“枢纽型”社会组织参与社会治理时所受的时间、地域限制，及时发布动态信息，高效地实现信息的传播与交流，动态与共享，形成全社会了解“枢纽型”社会组织，支持社会组织的良好氛围，有效提升“枢纽型”社会组织参与社会治理的公众认知度和区域影响力；积极倡导“枢纽型”社会组织推进与领域内社会组织建立固定联系并形成长效联动机制，多渠道、多途径拓展“枢纽型”社会组织新成员，为参与社会治理组织增添后备力量。同时，还要努力壮大“枢纽型”社会组织的“新生力量”，加大对农村社会组织倾斜力度，积极整合镇级联合会及农村社会组织资源，通过购买政府项目、将其纳入社会组织公益行活动范围等方式，充分调动农村社会组织参与社会治理的热情，进一步扩大其参与社会治理的覆盖面。

（二）创新管理，优化服务，实现“枢纽型”社会组织参与社会治理的新突破

一是创新服务管理机制，拓宽渠道、整合资源，增添“枢纽型”社会组织参与社会治理的新动力。进一步推动“枢纽型”社会组织带领领域内社会组织，借助区社会建设工作领导小组办公室的窗口平台，创新公共服务供给模式，深化社会服务体制改革，积极引入市场机制，建立政府、企业、社会组织共同参与的公共服务供给机制，拓宽资金来源渠道，为“枢纽型”社会组织参与社会治理提供充足的财力支持；积极指导“枢纽型”社会组织动员领域内社会组织采用项目化运作模式，利用统一购买服务平台，及时参与政

府服务项目的购买；积极指导“枢纽型”社会组织强化对本领域社会组织实行分类管理，加大对政府购买服务项目的资源整合力度，不断探索和拓宽服务内容，深入挖掘政府购买服务特色项目，择优申报，进一步实现提升政府服务效能、节约服务成本，以及社会组织能量有效释放的双赢局面，提高社会组织参与社会治理的积极性与主动性。

二是培育多元治理主体，提升水平，树立品牌，推动“枢纽型”社会组织参与社会治理的新发展。加强对街道联合会的有效指导，以街道体制改革为契机，加强对各社区社会组织培育和扶植，加快推进各街道社区社会组织服务（孵化）中心建设，通过入壳孵化的模式，为社区社会组织发展提供“集约化”服务，为社区社会组织可持续发展提供专业化技术支撑。在此基础上，积极培育村级社区社会组织，发挥镇级联合会的带头作用，继续加强社会服务体系建设，进一步推动建立镇级社会组织服务（孵化）中心，积极培育农村社会组织发展，不断提高农民的组织化程度，进一步激发农村社会组织的活力；加强扶植培育社会企业，发挥街道社区服务中心作用，将其打造成为培育社区服务类社会企业的孵化器，并制定相应配套扶持政策，加大政府购买社会企业服务资金倾斜力度，支持社会企业的长期发展，使其更好地服务于民生，服务于社会治理；加大推动“枢纽型”社会组织带动各领域社会组织走专业化、职业化道路的力度，建立健全社区、社会组织、专业社工“三社联动”运行机制，引进专业社工机构，引入专业社工人才，有效解决因专职工作人员缺乏而引发的工作断层现象，进一步规范社会组织发展，提升农村地区专业化、服务化水平；以品牌带动为指引，积极动员“枢纽型”社会组织，率领领域内社会组织，广泛开展顺义区社会组织“公益行”活动，结合领域实际，打造并树立一批可学、可看、可示范的“公益行”活动品牌。

（三）建立机制，科学引导，激发“枢纽型”社会组织参与社会治理的新活力

一是建立考核机制，不断提高“枢纽型”社会组织参与社会治理的积极性和针对性。“枢纽型”社会组织工作成效，关系其自身的发展，关系本领域社会组织的管理与发展，还关系社会治理的实际效果。因此，对“枢纽型”社会组织的考核，不能只依靠传统的定性考核，要适度引入定量考核因素，设定行之有效的进入退出机制，建立科学、完整的考核指标体系，增强“枢纽型”社会组织参与社会治理的紧迫感、使命感，充分调动“枢纽型”社会组织参与社会治理的积极性，促使其及时发挥主观能动性，主动研究社会治理当中的问题，有针对性地带领本领域社会组织参与社会治理。

二是加强科学引导，有效保障“枢纽型”社会组织参与社会治理的客观性和公平性。积极倡导“枢纽型”社会组织引入第三方专业机构评估机制，定期对领域内社会组织进行专业评估，保证考核结果的可信度、效益度，让动态评估机制在客观、公正的环境下有效运行；积极倡导“枢纽型”社会组织进一步完善领域内社会组织年检、评价等制度，指导领域内社会组织依法依章开展活动，推动领域内组织提水平、树形象、创品牌；积极倡导“枢纽型”社会组织带领领域内社会组织建立健全社会组织信用管理系统，加强诚信自律建设，规范服务范围，加强对社会组织监督和管理，不断提升“枢纽型”社会组织的公信力和诚信度，促进“枢纽型”社会组织参与社会治理，实现健康、有序发展。

（四）提升能力，动员社会，积极展现“枢纽型”社会组织参与社会治理新面貌

一是加强“枢纽型”社会组织能力建设，助推“枢纽型”社会

组织参与社会治理新水平。“枢纽型”社会组织要建立健全关于领域内社会组织的各项规章、管理制度，完善社会组织内部治理结构，提高自我管理、自我约束能力，提升参与社会治理进程规范化水平；要加强对领域内社会组织开展专业性教育培训工作，建立社会组织培训师资源库，优化课程设置，分类开展社会组织从业人员教育培训，提升业务素质，提高其参与社会治理能力；进一步提高领域内社会组织参与政治协商能力，将社会组织代表纳入听证会、论证会、咨询会、通报会等范围；不断完善领域内诚信体系，制定行业规范、自律公约等，助推社会治理的服务化水平；要深入开展学习型社会组织建设，通过沟通交流，激发组织创新和社会治理活动，提升依学治理水平。

二是完善“枢纽型”社会组织动员机制，提升“枢纽型”社会组织参与社会治理新能力。要健全“枢纽型”社会组织的社会动员网络，积极利用区、街道（镇）、社区（村）三级动员网络优势，建立基层自治组织、人民团体、志愿服务队伍、驻区单位参与的社会动员体系；加强社区社会组织建设，以社区社会组织为平台，引导公众广泛参与社区各种主题活动，提升居民组织化程度；要进一步完善志愿服务管理制度和服务方式，拓宽志愿服务领域，促进社会领域志愿服务常态化，力争在社区、社会组织、商务楼宇、专业机构等社会领域实现志愿服务全覆盖，建立健全社会工作专业人才和志愿者队伍联动服务机制，例如，充分发挥区义工联、区志愿者联合会等作用；要积极引导各驻区单位开展结对共建、志愿服务、公益服务等活动，加强其参与区域建设，主动履行其社会责任，全面促进公众参与和社会协同，实现社会力量参与提供公共服务，协助解决政府各类社会问题。

（五）强化党建，加强培训，努力提升“枢纽型”社会组织参与社会治理新高度

一是充分认识“枢纽型”社会组织党建工作的重要性，进一步

规范“枢纽型”社会组织领域内社会组织党建工作。要结合“枢纽型”社会组织本领域实际特点，大胆探索创新社会组织党建工作模式，研究制定相关政策，建立健全社会组织党建工作相关制度，积极发挥“枢纽型”社会组织党组织的优势参与社会治理，不断强化党的领导。同时要结合“枢纽型”社会组织工作规范，将党建工作作为考核“枢纽型”社会组织工作的一项重要内容，采取召开工作例会、听取汇报、平时抽查、半年检查、年底考核等办法，提高“枢纽型”社会组织对党建工作认识的重要性，夯实“枢纽型”社会组织参与社会治理的党建基础。

二是加大对“枢纽型”社会组织培训力度，进一步发展壮大“枢纽型”社会组织领域内社会组织党员队伍。加大对“枢纽型”社会组织领域相关党员培训的力度，责成“枢纽型”社会组织党组织每年对社会组织党组织班子成员进行培训，定期组织党务工作者开展工作交流、问题研讨、学习参观等活动，注意总结推广好的经验和做法，达到相互学习，共同促进的目的。在“枢纽型”社会组织领域内，积极开展“两学一做”等教育学习活动，为党员加强党性锻炼搭建平台，有效提高“枢纽型”社会组织领域内党员的思想政治素质和理论知识水平，充分发挥基层党组织的战斗堡垒作用。

B.10 顺义区社会组织党建工作存在的问题与思考

区委社会工委

摘　要：　阐述了加强社会组织党建工作的重要意义和总体要求。总结了顺义区加强社会组织党的建设工作的实践探索，包括顺义区社会组织党建的基本情况、具体做法等。分析了顺义区社会组织党建工作中存在的问题，并针对这些问题，提出了对策建议，包括：强化顶层设计，建立“四个一”的党建工作体系；坚持问题导向，多措并举填平社会组织党建“洼地”；注重分类指导，统筹推进社会组织党建工作；加大工作投入，为社会领域党建提供保障等。

关键词：　顺义　社会组织　党的建设

加强社会组织党的建设，事关党的事业发展、国家治理与人民福祉。2015 年 9 月，中共中央办公厅印发《关于加强社会组织党的建设工作的意见（试行）》；2016 年 8 月，中共中央办公厅、国务院办公厅印发《关于改革社会组织管理制度，促进社会组织健康有序发展的意见》；2016 年 7 月，北京市委办公厅印发《关于加强和改进社会组织党的建设工作的实施意见》，北京市委组织部印发《关于加强和改进社会组织党的建设工作的三年行动计划》；2016 年 8 月，北京市委组织部印发《关于集中推进非公有制企业和社会组织党的组织和工作覆盖的通知》。这些文件的出台，为社会组织党的建设工作指明了方向，也开启了社会组织党的建设工作的广阔空间。新形势下，全面推进社会组织党的建设工作，具有重大而深远的现实意义。

近年来，顺义区社会组织蓬勃发展，初步形成多领域、多层次、功能互补、覆盖广泛、特色明显的组织体系，成为党和政府联系群众的重要桥梁和纽带，成为促进经济发展、社会和谐的积极力量。2009 年 12 月，按照区委区政府机构改革“三定”规定，区委社会工委将社会组织党的建设纳入工作范畴，提出了建立以分类管理为主的社会组织党的建设工作管理体制，并做了一些实践探索。

一　顺义区社会组织党建基本情况

截至 2016 年 6 月 30 日，全区登记的社会组织 346 家，包括 321 家民政局登记社会组织（其中社会团体 152 家、民办非企业 169 家），25 家律师事务所。有党组织覆盖的社会组织 80 家，组织覆盖率达 23.1%，其中：2 家社会组织建立党总支（北京市顺义区律师协会党总支、北京市牛栏山一中实验学校党总支）；27 家社会组织建立党支部；10 家社会组织建立联合支部，主要集中在民办学校、律师事务所等领域；41 家社会组织党员在原单位党组织或镇村党组织挂靠。266 家社会组织不具备成立党组织条件。2010 年以来，全区共利用市、区社会建设专项资金 1966 万元购买了 65 个社会组织（含社会工委及社会组织服务管理中心）的 192 个项目，其中，市级资金共 1311 万元，区级资金 655 万元，累计向 54 家社会组织购买 120 个项目，向 21 家“枢纽型”社会组织购买“管理服务”项目 72 个，项目涵盖社会基本公共服务、社会公益、社会管理等领域的方方面面。同时，还拨付了区级资金2120万元用于扶持社区社会组织发展。

二　顺义区社会组织党建工作实践探索情况

经过几年的探索，顺义区社会组织党的建设工作格局已基本形成，责任主体基本明晰，关系基本理顺，工作成效已显，初步形成了纵到底、横到边的社会组织党建工作网络。

（一）创新社会组织党建工作的新格局

当前，已基本形成了由区委组织部、区委社会工委、“枢纽型”社会组织等业务主管单位，登记管理机关“四方共抓”的党建工作新格局。其中：区委组织部，对社会组织的党建工作主要是宏观指导、政策引导，将社会组织的党建工作纳入整体工作范畴；区委社会工委，对社会组织的党建工作主要是发挥综合协调、典型示范、骨干培养等作用；“枢纽型”社会组织等业务主管单位，主要是对社会组织的党建工作和党员领导干部的思想政治工作负起责任，及时发现解决党员和党组织在思想、组织、作风，以及工作方面存在的问题，不断增强党组织和党员队伍的创造力、凝聚力、战斗力，为社会组织的发展提供坚强的政治保证和组织保证；登记管理机关，对社会组织的党建工作主要是协办职能，把社会组织的党建工作贯穿到日常管理中，渗透到管理工作的各个环节中。

（二）完善工作管理体制，明确三种党建工作模式

建立完善了党委统一领导、组织部门牵头抓总、社会工委组织协调、街道（镇）具体推进落实、各有关部门密切配合的工作机制，以及分级负责、分类管理相结合、谁主管谁具体负责的社会领域党建工作管理体制。

2013 年 10 月，顺义区成立了社会组织党委（民政局主责），进一步明确了三种党建工作模式，即没有业务主管单位的社会组织的党建工作由社会组织党委负责；有明确的业务主管单位的社会组织，党建工作由业务主管单位党组织负责；一些从事居家养老、职业介绍、就业培训等为内容的社会福利和社区服务类社会组织党建工作，由社区党组织负责。

（三）发挥“枢纽型”社会组织的党建引领作用

“枢纽型”社会组织在社会组织党建工作中具有纲举目张的作用。依托“枢纽型”社会组织工作体系，发挥“枢纽型”社会组织的政治桥梁纽带、业务龙头引领、日常管理服务平台作用，负责同类别、同性质、同领域社会组织的党组织建设工作。

2010 年以来，全区先后认定了三批共 21 家“枢纽型”社会组织：15 家“枢纽型”社会组织联系服务管理的社会组织达 323 家，占社会组织总数的 93%；6 家社区社会组织联合会覆盖了辖区内所有社区社会组织，区、镇街“枢纽型”社会组织工作体系基本形成。各“枢纽型”社会组织以党的群众路线教育实践活动、“两学一做”学习教育为契机，积极推动本领域社会组织党建工作开展。例如，福利慈善协会建立了党建工作领导小组和党建工作联席会议制度，每季度召开一次联席会议，在调研所属社会组织的党组织设立、活动开展、党员思想动态等情况的基础上，明确了建立党支部、党小组、党建工作站等党建组织体系的目标；农村专业合作组织联合会就如何解决本领域社会组织的党建及业务发展的瓶颈问题，尝试了建设性的解决方案；律师协会紧跟时代步伐，制订切合实际的党建工作实施方案。

（四）注重加强社会组织党的建设的保障工作

一是夯实党建工作基础。每年举办全区社会领域基层党组织负责人专题培训班，党务工作者队伍建设不断加强；通过社区规范化建设、商务楼宇工作站建设，党建活动阵地不断拓展。二是提供必要的经费支持。制定《顺义区基层党组织工作经费保障与使用管理实施办法（试行）》，对涉及基层党组织建设的各项资金进行统筹，对于新成立的社会组织党组织，给予1万元的启动经费，并对基层服务型党组织推进特色亮点党建工作的单位给予2万元的奖励经费。通过社会建设专项资金支持，加大经费投入（每年每名党员200元、每个支部2000元、党委5000元），推动了党建工作的有效运转。基本上能够做到有人管事、有钱办事和有地干事。三是党建工作品牌不断涌现。通过开展“六星”基层服务型党组织创建活动，着力解决基层党组织在服务群众方面存在的重点难点问题，打造了一批特色鲜明、实绩突出的“六星”基层服务型党组织，涌现了北京致知律师事务所党支部、鸿城大厦楼宇党支部等党建工作典型，推动了全区社会组织党建工作常态化、规范化，进一步提高社会组织党建工作整体水平。

三　社会组织党建工作存在的问题

近年来，顺义区社会组织党的建设取得了一定进展，但相对于社会组织自身快速发展明显滞后，全面加强社会组织党的建设工作势在必行。当前，顺义区社会组织党的建设工作的突出问题有以下几个方面。

一是组织体系不够健全。社会组织单位实行登记管理部门和业务主管部门双重管理体制，容易造成党建工作管理主体责任意识不强。当前，各职能部门的协同作用发挥不够强，还没有充分发挥统战、民政、工商、司法、财政、税务、教育、卫生计生、商务、科技、工商联等部门结合职能做好党建工作。由于协同作用不够好，资源得不到共享，在一定程度上还存在“单打一”的现象。此外，党建工作考核评价机制不够健全，虽然开展了“六星”基层服务型党组织创建工作，但对软弱涣散党组织的改进措施不够明确。

二是组织覆盖不够全面。社会组织中党员流动性大，人员构成复杂，给党员的管理造成了较大的不便，党组织难建立，党组织覆盖率不高。

三是作用发挥不够充分。社会组织人员流动性较大、开展党建工作比较困难。有的社会组织党组织虽然成立了，但活力不强，战斗堡垒作用发挥不够。

四　加强社会组织党建工作意见建议

（一）强化顶层设计，建立“四个一”的党建工作体系

按照中央和市委文件要求，结合顺义区情，尽快健全体制机制，制定具体落实措施，为社会组织党建工作提供支撑。一是制订一个“实施方案”。实施攻坚计划，明确工作目标和责任部门，制订工作台账和进度时间表，层层落实，步步推进。二是健全一个“工作体系”。按照“分级负责、分类管理、条块结合、区域兜底”的原则，依托现有的党建工作格局，充实社会领域党建工作办公室力量，逐级分类健全党建工作体系。三是完善一套“制度规范”。建立“社会组织党建工作联席会制度、工作联系制度、社会组织党组织和会员单位党组织定期例会制度”等制度，每年至少召开2次联席会议研究社会领域党建工作。在落实组织部、社会工委、民政局联系制度的基础上，探索每名区级领导直接联系规模较大、影响力较强的社会组织党组织。坚决落实“以点带面”的工作方法，建立更多的党建工作示范站点。四是打造一个“工作平台”。继续加强“社会组织孵化基

地”建设，建立更多的“枢纽型”社会组织党组织，将党建工作融入孵化培育全过程。

（二）坚持问题导向，多措并举填平社会组织党建“洼地”

聚集中央和市委文件中提出的党建工作中存在的党组织覆盖率不高、人员队伍专业化程度不高等难题，整合各方资源，努力补齐短板。一是加大“功能型”党组织组建力度。应用“互联网＋”，尽快建立台账，在做好“单独建”“联合建”党组织的基础上，针对党员少、党员组织关系转接难等现实问题，不拘泥于个别党员的党组织关系是否接转，尽快建立“功能型”党组织，确保哪里有党员，哪里就有党组织，哪里就有党的活动。二是选优配强育好党组织书记。探索实施“领头雁”计划，把优秀人才培养成党员，把优秀党员培育成党组织书记，推动规模大、党员数量多的党组织配备专职副书记，无合适人选的可先从区直机关、企事业单位中选派党务干部先行开展工作。实施党组织书记素质提升工程，多种形式提升专业化水平。三是创新党组织活动载体。深化开展“党员公开承诺践诺”“双报到”活动，向部分基层党组织选派工作组，延伸工作，解决发展难题。四是强化党员经常性教育管理。在规范“三会一课”、专题组织生活会等要求的同时，积极探索符合实际的活动方式，使每一名党员都能参加党的组织生活。

（三）注重分类指导，统筹推进社会组织党建工作

坚持分类施治，进一步找准不同类别社会组织党组织发挥作用的切入点，确保党建取得实效。近几年，顺义主要采取了以下三种方式：一是“纵向”依托行业协会，探索不同的党建模式，开展个性化服务，形成行业特色；二是“横向”依托属地党组织，明确属地的兜底职责，加强对无业务主管单位的社会组织及城乡社区社会组织

党建指导；三是“交叉”依托区域化党建，依托党建三级平台，实现共商共治、共建共享。这些方式还应该坚持。

（四）加大工作投入，为社会领域党建提供保障

进一步明确工作责任，强化工作指导，多措并举为开展党建活动提供保障。一是明确党建责任。将社会组织党的建设工作责任，纳入述职评议考核和有关部门领导班子、领导干部绩效考核内容。建立社会组织党的建设工作同步考评机制，把党的建设工作全流程嵌入社会组织登记、年检、评估各个环节。登记管理部门要把掌握社会组织党组织和党员情况纳入登记、审批、年检等工作中；业务主管部门和挂靠单位应严格履行其各自业务范围内或者辖区范围内的社会组织党建工作职责。同时，抓好行业协会商会与行政机关脱钩党建工作，确保脱钩不托管。二是充实党建力量。分类分别选优配强党组织书记，探索建立党务工作者“人才库”，通过购买服务，使党务工作者干事有平台、待遇有保障、发展有空间，形成良好的管理和激励机制。三是加大保障支持。建立多渠道筹措、多元化投入的党建工作经费保障机制，加强活动场所规范化建设，真正实现场所共用、资源共享。四是强化阵地建设。建立社会组织党的建设惩戒机制，同步加强社会组织事中事后监管，净化社会组织生态环境。拓展社会组织参政议政渠道，提高社会组织“两代表一委员”、劳动模范、先进党组织、优秀党员比例，切实提升社会组织的政治地位、政治认可和响应性。建立社会组织党内情况通报、重大决策征求意见制度，实行党务公开，切实保障广大党员参与权、知情权、监督权。

B.11
顺义区城市社区基本公共服务现状及对策建议

区社会办

摘　要：总结了顺义区社区基本公共服务的现状及成效，包括社区就业比较充分、社区社会保障比较完善、社区社会救助全面保障、社区卫生和计生服务基本到位、社区文化教育体育服务基本满足、社区劳动人口和出租房屋服务全面覆盖、社区安全服务逐渐完善、社区环境美化持续向好、社区便利服务方便顺达、社区特色服务不断创新等。在此基础上，分析了存在的问题，提出了相关对策建议。

关键词：顺义　社区　基本公共服务

顺义区从2010年积极推动城市社区基本公共服务建设。多年来，在区委、区政府的领导下，相关部门高度重视，精心组织，社区基础建设显著增强，社区功能不断完善，社区服务和管理水平逐步提高，社区建设工作取得了明显成效。

一　基本概念与政策依据

社区基本公共服务是指满足社区成员基本需求的政府公共服务，

主要包括政府直接提供的或引导社会力量提供的社区服务项目或服务设施。

2010 年，北京市发布《北京市社区基本公共服务指导目录（试行）》（以下简称《指导目录》），在全市推进社区基本公共服务的全覆盖。《指导目录》的服务项目分为社区就业服务、社区社会保障服务、社区社会救助服务、社区卫生和计划生育服务、社区文化教育体育服务、社区流动人口和出租房屋服务、社区安全服务、社区环境美化服务、社区便利服务和其他服务等 10 大类。各类服务又进一步细分，总共有 60 项内容。

二　顺义区城市社区基本公共服务现状及成效

顺义区从 2010 年起推进社区基本公共服务的全覆盖工作。全区共有 123 个社区，其中 6 个街道管辖 92 个社区，因胜利街道前进社区、太平社区拆迁，石园街道轻汽社区已搬迁，光明街道裕龙北区，旺泉街道澜西园二区、澜西园三区、澜西园四区，双丰街道顺悦家园社区、金宝花园北区、顺兴社区、香悦西区、鲁能润园社区、香悦东区、中晟馨苑社区、北辰花园社区等 12 个社区于 2015 年下半年刚成立，居民入住率低，部分公共服务设施仍在申请完善中，故本次调研只涉及社区基本公共服务工作已开展一段时间的 77 个社区。

（一）社区就业比较充分

各调研社区全部为顺义区充分就业社区。社区的各种台账、服务记录齐全，只要在就业年龄段有就业需求的居民社区都会积极主动的为其推荐就业岗位，光明街道裕龙花园社区、石园街道石园北三社区还被评为北京市充分就业示范社区。

（二）社区社会保障比较完善

多数社区依托社会组织定期上门为空巢、独居老人（残疾人），提供打扫卫生、理发等服务，光明街道各社区在有需求的残疾人家全部完成了无障碍改造工程，且每个单元门都安装了扶手，方便老年人和残疾人出行。

（三）社区社会救助全面保障

对社区困难家庭、优抚对象、未成年人、残疾人、流动人口等特殊群体提供帮扶救助服务。2016 年区民政局为顺义区享受城乡居民最低生活保障和生活困难补助人员、特困供养人员、民政部门管理的精减退职人员 4 类社会救助对象提供住房物业费补贴，减轻困难群众住房物业费负担。

（四）社区卫生和计生服务基本到位

部分社区可以依托社区卫生服务机构，开展疾病预防、一般常见病的诊疗服务为主要内容的社区卫生服务；免费发放避孕药具，为社区独生子女家庭提供相关奖励扶助等服务。

（五）社区文化教育体育服务基本满足

近几年，各社区通过前期规划、政府购买、锅炉房改造等方式，彻底解决了社区服务和办公用房，社区服务用房都达到了 350 平方米以上，逐步建设和完善了社区图书室、社区室内健身室等场所，基本满足居民需求。社区居委会及各类社区社会组织开展各具特色的群众性文化活动，开展露天演出，放映公益电影等，丰富居民群众精神文化生活。

（六）社区劳动人口和出租房屋服务全面覆盖

各社区均建有基础台账，每周分楼包片工作人员均入户了解出租房屋人员情况，在社区流动人口中经常举办促进其交流的各项文体活动，使他们充分融入社区大家园。

（七）社区安全服务逐渐完善

各社区基本能保障社区日常安全，社区居委会每月都宣传社区安全重要性，涉及居家安全、室外安全、出行安全等各类安全常识。区政府开展社区更换居民防盗门安全锁芯、建设社区微型消防站、老旧小区改造更新安防设施等工作，提高社区居民生命及财产安全。

（八）社区环境美化持续向好

区、街、社区共同行动，持续不断开展社区环境美化工作，通过完成市区两级环境建设任务、月检查发现、群众反映、媒体曝光等方式大力整治环境问题，近几年来社区环境越来越干净、整洁。

（九）社区便利服务方便顺达

顺义区通过建设45个“一刻钟社区服务圈”，覆盖全区85%以上的社区，服务居民30万人。服务圈内有便利店、果蔬店、菜市场等便民网点，基本满足居民日常生活需求。投入66万元制作“一刻钟社区服务圈”平面示意图和“一刻钟社区服务圈”便民服务手册。通过“一图”让“一刻钟社区服务圈”内的居民清楚地看到去哪里办事、去哪里享受服务，通过“一册”让居民明确地知道“一刻钟服务圈”内都能办什么事、怎么办事。

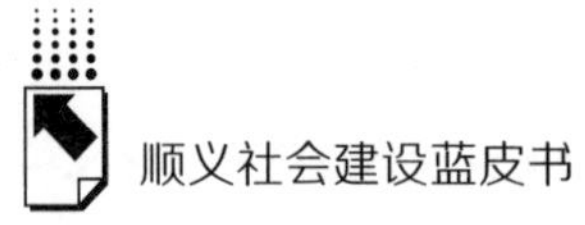

（十）社区特色服务不断创新

大部分社区依托电脑、手机、网络等设备，建立社区信息化网络阵地，建立社区网站71个，开通社区“微网格”微信公众号27个，利用“互联网+”方便居民通过社区综合信息平台参与管理，反映诉求，获得服务；开展社区心理健康咨询服务，加强对居民的人文关怀和心理疏导。在空港街道天竺新新家园社区创建顺义区首家社区标准化心理服务站，进行有针对性的培养和建设，及时总结成功经验，树立优秀典型，“以点带面”逐步在区内其他街道进行复制和推广。

三　当前存在的主要问题

经过多年建设，参与调研的社区基本公共服务项目基本具备，居民生活获得了实实在在的好处，但也要看到在个别项目上仍存在不足。

（一）社区老年人（残疾人）就餐送餐服务相对滞后

随着顺义人口老龄化程度逐步提高，社区老年服务成为社区要解决的大问题。尤其在老旧小区中，高龄、空巢、独居老人较多，由于行动、出行不便，吃饭成为老年人生活的一大难题。部分社区通过引入社区周边餐饮企业，为老年人、残疾人，提供点餐、送餐服务，但一些社区由于条件受限，无法引入此项服务。例如，旺泉街道西辛社区、西辛一社区、西辛北社区、牡丹苑社区、前进花园社区、梅兰家园社区、望泉家园社区等没有合适的公共就餐场地；光明街道滨河二区、东兴二区、东兴三区、裕龙花园社区、裕龙四区、裕龙五区、裕龙六区等社区，由于受到用地、资金等条件的限制，满足不了老年人对社区建立老年餐桌的需求；建新南区、龙府花园社区、义宾街社区、义宾南社区、怡馨一社区、怡馨二社区等社区周边餐饮企业较多，但并没有专门为老年人推出的菜品，更没有适合老年人少油少盐需求的营养餐。另外，缺乏针对老年人和残疾人的专业配餐、就餐、送餐服务，不能完全适应或满足老年人和残疾人需求。

（二）社区公共卫生和基本医疗服务亟待提高

此类服务主要依托社区卫生服务机构开展。当前，街道社区卫生服务站主要按片划分，多个社区共享一个卫生服务站，医疗资源有限，一些卫生服务站位置离社区较远，对生病、高龄、行动不便的居民来说，到卫生服务站就医并不方便。部分社区卫生服务站虽能够基本满足居民就医需要，但在基础设施建设、人力资源配置方面仍需完善。

（三）社区物防技防设施建设服务尚不完善

由于部分老旧小区社区建成时间早，社区物业职能缺失，物防技防设施并不完善，社区摄像头数量普遍不足，无法达到辖区范围的全覆盖监控；有的社区技防设施安装后缺少后续保养维修或已老化，基本失去安防技防的功能；有的社区监控设备仍非高清数字设备，图像清晰度不高，已无法满足使用要求，物防技防设施建设无法完全达到群众满意标准。

（四）社区基本公共服务提供服务的主体单一

当前社区基本公共服务的提供主体仍主要是政府，民间社会组织没有进行有效的参与。民间社会组织仍主要集中在社区文体活动开展等方面，养老助残、医疗卫生等群众急需的服务领域力量仍旧薄弱。一是政府干预的领域过宽、过细，没有给其他主体留下足够的空间。二是民间社会组织还处在初级发展阶段，还没有意识与能力参与到更为微观的社区公共服务中。

四　对策与思考

（一）加强统筹协调，推动全面覆盖

对社区基本公共服务的覆盖和需求情况进行汇总分析，详细列出各项服务或设施未覆盖的名单，按照“缺什么，补什么”的原则，积极协调相关主责部门，有针对性、有计划地为这些社区，配齐服务设施、搭载服务项目、完善功能、细化管理。结合实际，对服务项目未覆盖社区给予优先支持、帮扶和指导，做到服务设施优先建设，服务项目优先开展，服务人员优先配备，建设资金和工作经费优先投入，尽早实现社区公共服务的全覆盖。

（二）加强政策指导，改进服务方式

凡依法应由社区协助的事项，相关部门应当为社区提供必要的经费和工作条件；对社区组织能够实施且有优势的公共服务，相关部门应按照“权随责走、费随事转”的原则，落实相应的工作经费和人员保障。积极探索通过补贴奖励、项目管理、资源共享等方式，促进公共服务社会化。

（三）推进老旧小区改造，改善社区环境

老旧小区建成年代早，规划设计落后，配套设施不全，公共设施、市政设施老化，安防设施不能满足使用需求等情况凸显，环境、安全等各方面的公共服务都难以满足群众需求。应加快推进老旧小区综合改造，切实改善老旧小区居民的生活环境和居住条件。

（四）鼓励社会组织参与，扩大基本公共服务供给

大力培育社区服务性、公益性、互助性社会组织，对不具备条件的社区社会组织实行备案制度，并在组织运作、活动场地等方面为其提供帮助。支持工会、共青团、妇联及残联、老龄协会等组织发挥各自优势积极参与社区公共服务项目。同时加大政策扶持力度，通过政府购买服务、设立项目资金、活动经费补贴等途径，调动各类社会组织服务社区的积极性。

（五）提高社区民主与自治水平，增强社区居民的参与意识与参与能力

提高社区居委会自治能力，对社区居委会成员进行必要的培训，通过有针对性的培训，提升社区居委会的自治意识与自治能力。强化对社区居民的教育，提高他们的公共精神和公民意识。引入专业的民间社会组织进行培训。通过培训，逐步提高社区居民的参与意识与参与能力，使他们积极参与社区基本公共服务项目运行的全过程。

B.12
适应形势　主动作为　推动顺义区社会组织建设蓬勃发展

区民政局

摘　要：　社会组织在促进经济发展、繁荣社会事业、参与公共管理、开展公益活动等方面的作用发挥日益凸显，已成为社会建设的重要力量。近年来，顺义区的社会组织建设以规范化建设为基础，明确发展思路；以专业化建设为引领，发挥职能作用；以系统化建设为重点，完善培育机制；以社会化建设为抓手，优化服务质量。今后，顺义区将进一步理清工作思路，创新工作方法，完善工作机制，推动社会组织建设科学发展、创新发展和全面发展。

关键词：　顺义　社会组织建设　社会组织培育

党的十八大提出，加强社会建设，必须加快推进社会体制改革，改进政府提供公共服务方式，引导社会组织健康有序发展，加快形成政社分开、权责明确、依法自治的现代社会组织体制，提高社会管理科学化水平。为此，社会组织在促进经济发展、繁荣社会事业、参与公共管理、开展公益活动等方面的作用发挥日益凸显，已成为社会建设的重要力量。如何加强社会组织发展建设，创新管理模式，拓展发展渠道，是亟待解决的重要课题。顺义区积极作为，以“平安、法治、诚信、精准、高效”为发展目标，以社会组织发展服务中心为抓手，“规范化、社会化、专业化、系统化”建设，推动了全区社会组织的迅速发展。2013 年顺义区被评为全国社会组织建设创新示范区。

一　以规范化建设为基础，明确发展思路

社会组织正处于加速发展期，顺义区登记组织数量已经达到 371 家，社区社会组织 1124 家，但是远远不能满足区域经济社会高速发展的需要。为此，顺义区高度重视社会组织的发展建设，为适应建设需要，创新管理模式，拓宽发展渠道，多次组织调查研究，聚合力量，集思广益，积极筹建了顺义区社会组织发展服务中心，在民政局登记注册为枢纽型民非社会组织。为进一步规范职能，社会组织发展服务中心重新梳理了两大功能定位：一是服务全区社会组织的功能定位，旨在孵化适应区域经济社会发展需要的社会组织，培育较高知名度和社会影响力的先进典型；二是指导民政系统社会组织的功能定位，将民政系统所有的社会组织全部从职能科室进行分离，统筹指导和管理“义工联合会、见义勇为协会、婚姻家庭建设协会、社会工作者协会、96156 社区服务中心、福利企业协会”等 9 家社会组织，实现了政社分开，将顺义区社会组织发展服务中心建设成为培育孵化社会组织的基地。

通过一年来的工作实践，逐步摸索出一条适应区域经济特点、具有顺义特色的工作思路。一是倡导“一种”理念：互为资源、互为平台，互惠共赢。二是坚持“四化”导向：规范化、专业化、系统化、社会化建设。三是发挥“三大作用”：发挥“孵化器”作用，通过政策指导、业务指导、项目运作和经费支持的方法，重在

培育政府扶持、社会需求和有发展潜力的社会组织；发挥“助推器”作用，通过为社会组织科学制定发展规划，确定发展方向与发展目标，为社会组织助力，有力助推社会组织健康有序发展；发挥“离合器”作用，按照政社分离的总体要求，扶持成熟的社会组织与政府职能和人员完全分离，推动社会组织自治发展，提高专业化水平。四是实现“五大目标”：努力打造“平安、法治、诚信、精准、高效”五型社会组织。平安型社会组织，帮助社会组织规范内部治理结构，完善行业管理标准，严格执行安全指标，实现社会组织平安稳定；法治型社会组织，及时宣传政策法规，提高法治意识，加强自律自查，确保社会组织遵规守法；诚信型社会组织，能够严格按照章程开展各类活动，在公共服务、公益服务上发挥积极作用；精准型社会组织，能够精准掌握服务对象的各类情况，有针对性地开展服务，发挥专业性优势；高效型社会组织，发展成熟规范，制度健全完善，人才储备充足，社会组织能够积极发挥行业引领作用。

二　以专业化建设为引领，发挥职能作用

经过不断的探索和实践，逐步探索出了一套“培养专业人才”“培育专业组织”“培训专业知识”“提升专业眼界”的工作方法，通过积极发挥社会组织发展服务中心的平台作用，推动全区社会组织的专业化建设。一是业务指导，为拟成立社会组织或有发展潜力的社会组织提供专业上的指导，支持其发展建设；二是专业培训，本着“适用管用有用”原则，定期组织社会组织工作人员的能力建设、政策法规和工作规范等培训，提升社会组织科学领导、科学决策和科学发展的能力；三是组织评估，认真做好社会组织规范化等级评估，将评估等级结果作为政府购买服务的科学依据，促进社会组织健康有序

发展；四是成果展示，以社会组织成就展示为平台，开展以社会组织发展规模、特色建设、公益项目、亮点工程和获奖表彰等为重点的优秀成果展，旨在扩大社会组织的影响力和辐射力；五是党建服务，在顺义区社会组织党委领导下，积极探索和改进加强社会组织党组织建设的新模式，发挥党组织政治引领作用，确保社会组织党的建设的正确方向；六是政策咨询，建立社会组织电子信息网络平台，宣讲、解读关于社会组织的法律法规政策，政府职能转移和购买服务事项，做好社会组织成立等事项的咨询服务；七是政策调研，加强社会组织发展建设特点规律的研究，结合顺义区社会组织建设的实际拟写规范性文件，指导社会组织规范动作和科学发展；八是人才招聘，定期为社会组织举办专业的人才招聘会，通过微信公众平台、电视网络等媒介搭建社会组织与人才的供需平台，吸引更多专业人才充实到社会组织队伍。通过专业化建设，顺义区社会组织发展服务中心共培育扶持了20 多家有区域特色的精品项目，经过社会组织等级评估认定 5A 级的社会组织有 20 多家，4A 级社会组织 50 多家，荣获十多项国家级奖项，40 多项市级奖项。

三　以系统化建设为重点，完善培育机制

加强培育指导是提高社会组织能力建设，促进全面发展的有力举措。紧紧抓住“培育孵化”这条主线，明确了“一条路径”，抓住了“四个载体”，形成了社会组织系统化建设的培育机制。

“一条路径”，就是结合顺义区社会组织的实际，出台了《顺义区社会组织发展服务中心培育孵化制度》，制作了业务办理流程图，及时引进社会组织入驻，通过培育行业内发展成熟的社会组织，带动和促进顺义区社会组织的全面建设，逐步形成了“引进来，培育强，走出去，联得好”的培育孵化机制。

抓住“四个载体”：一是专题培训强素质，结合顺义区社会组织发展现状与工作实际，按照普遍轮训、分类培训的原则，本着专业化、系统化和规范化的要求，区分“社会组织法人、秘书长和财务人员”3个层面，采取专家授课、专题研讨、经验交流和现场观摩等方法，聘请国内知名专家或行业内先进工作者进行辅导授课，解决社会组织建设中遇到的各种问题，加强社会组织的能力建设，促进社会组织健康发展。2015年，先后进行了3期专题培训，共有150个社会组织350人，取得了较好的效果。二是展览展示树典型，为充分展示顺义区社会组织建设的优秀成果，建设了450平方米的顺义区社会组织优秀成果展示大厅，分“莅临指导、慈善公益、医疗卫生、教育文化、经济发展、三社联动、生态环境、体育艺术”8个模块，共有50家社会组织以实物与照片的形式展示了优秀成果、优秀作品和优秀藏品，将建设理念先进、工作成绩突出和发展规模成型的优秀社会组织建成学习基地，从不同方面展示顺义区社会组织的建设成果，做到学有典型、做有样板。三是等级评估促建设，社会组织等级评估是全面加强社会组织建设的重要抓手，也是提高社会组织项目化运作的有效载体。2015年，在区民政局的指导下，本着“以评促学、以评促建、以评促进”的原则，分两批对26家社会组织，依据标准、程序和要求，对社会组织进行全面、综合的分析与评判，合理确定评估等级，有力促进了社会组织的全面建设。2013年以来，共完成评估185家，其中5A级社会组织21家，4A级社会组织68家。四是人才引进提能力，2015年7月25日，在顺义区人才服务中心举办第七届社会组织人才专场招聘会，旨在加强人才队伍建设，为社会组织和就业者提供双向选择的交流平台。招聘会共提供教师、心理咨询师、行政文秘、医生、维修等584个岗位，有18家社会组织参加，共1512人参加应聘，初步签订招聘意向书268份，为社会组织吸纳了优秀人才。

四　以社会化建设为抓手，优化服务质量

为进一步发挥社会组织在保障民生，服务民生的积极作用，社会组织发展服务中心积极搭建政府与社会组织共同参与社会治理的平台，通过政府购买服务的方式，为社会组织积极参与社会服务提供了有利契机。顺义区民政局每年拿出200万专项资金，用于社会组织购买服务工作，旨在通过积极调动有实力社会组织的积极性，为居民提供各项优质的社会服务。

一是科学确立政府购买项目。顺义区民政局、社会组织发展服务中心在各大网站发布项目招标公告，鼓励全区社会组织结合功能特点申报能够惠及民生的公益项目，并积极组织召开项目对接会，搭建一个“社会化”服务平台，既能让政府更多地听取来自社会组织的意见、声音，回应他们的诉求，也能让社会组织更好地了解政府所收集到的不同群体的声音，真正满足居民多元化的服务需求，科学确定政府购买服务项目和承接服务项目的社会组织。

二是严格运作政府购买服务。在政府购买服务项目运作过程中，在民政局的委托下，顺义区社会组织发展服务中心承接了对购买服务项目的评审工作，通过聘请市级专家评审团的形式，逐一对每个社会组织承接项目的基础、实力、资金、方式等进行综合评审，根据综合评分确定最后承接项目的社会组织。

三是全程评估社会组织服务。社会组织发展服务中心在项目实施过程中给予实时监控、评估，针对出现的问题，提供专业指导，协助解决。另外，顺义区在社会化建设中，积极引入和开展“三社联动”，以带动社会力量参与社区建设为抓手，以提升社区治理规范化和服务专业化为目标，大力推进“三社联动”，服务涉及10个街镇的5万余人，搭平台促进社区、社工、社会组织的无缝对接，

实现了社区建设、自我管理、互助服务的提质升级，加速了社区管理和服务的良性循环，增强了居民群众对社区家园的认同感，取得了良好的社会效应。

今后，顺义区将进一步理清工作思路，创新工作方法，完善工作机制，推动顺义区社会组织建设科学发展、创新发展和全面发展。

B.13
关于顺义区困难群体社会救助工作的调研报告

区民政局

摘 要： 总结了顺义区困难群体的基本情况以及对这些困难群体的救助情况，分析了这些困难群体的致贫原因。当前，顺义基本形成以生活保障为基础，以医疗、住房、教育、取暖等专项救助为支撑，以大病救助、临时救助、节点慰问为补充的多领域和综合性救助体系，采取基本生活救助托底保障、专项救助保障特殊需求等措施，并建立政府与社会救助无缝对接机制。下一步，顺义区将进一步创新制度、健全机制，稳步建立与经济社会发展水平相适应、覆盖城乡、救急解难、托底有力、持续发展的科学社会救助体系，推动社会救助事业不断前进。

关键词： 顺义 社会救助 困难群体

顺义区社会救助体系框架于2005年建立，经过多年完善发展，现已建立起涵盖生活、医疗、住房、教育、取暖等领域的多项救助制度，多方位满足困难群体的服务需求。顺义区社会救助工作在民政部、市民政局的有力指导下，在区委、区政府的正确领导下，坚持

“在思想观念上亲民、在工作部署上为民、在措施保障上利民”的理念，按照“城乡发展一体化、救助管理精细化”的要求，不断深入调研、创新体制机制，逐步完善以城乡低保为基础，医疗、教育、住房、大病等专项救助相配套，以临时救助、社会慈善为补充的城乡社会救助体系。

一　基本情况

（一）人员情况

截至2016年8月31日，全区共有城乡低保、城乡特困、城乡低收入（低保边缘）人员3228户4897人。具体情况及认定标准见表1。

表1　顺义区困难群众基本情况统计

单位：户，人

<table>
<tr><th>类别</th><th>家庭户数量</th><th>人口数量</th><th>认定标准</th><th>备注</th></tr>
<tr><td>城市低保</td><td>382</td><td>503</td><td>家庭月人均收入不足800元</td><td rowspan="2">2012年，顺义率先在全市实现城市、农村低保认定标准统一</td></tr>
<tr><td>农村低保</td><td>2514</td><td>3961</td><td>家庭月人均收入不足800元</td></tr>
<tr><td>城市特困</td><td>66</td><td>66</td><td rowspan="2">无劳动能力、无生活来源且无法定赡养、抚养、扶养义务人，或者其法定赡养、抚养、扶养义务人无赡养、抚养、扶养能力的老年人和残疾人，以及未满16周岁的未成年人</td><td rowspan="2">自2014年9月1日起，“城市三无”改叫“城市特困”，农村五保不变</td></tr>
<tr><td>农村五保</td><td>165</td><td>171</td></tr>
<tr><td>城乡低收入（低保边缘）</td><td>101</td><td>196</td><td>家庭月人均收入不足1050元</td><td>不享受基本生活供养，享受专项救助</td></tr>
<tr><td>合计</td><td>3228</td><td>4897</td><td>—</td><td>—</td></tr>
</table>

（二）救助情况

（1）城乡低保：低保人员享受每月基本生活救助，以及医疗、住房、教育、取暖、电价等各类专项救助。2012 年，顺义率先在全市实现城乡低保标准统筹，当年城市和农村低保标准统一为月人均 520 元。2016 年，全区同步提高城市和农村低保标准为月人均 800 元，较 2015 年 710 元的标准，增长了 12.68%。

（2）城乡特困：城市特困和农村五保统称为城乡特困，享受每月基本生活救助，且医疗费个人自负部分财政全额报销，其他各种专项救助也均覆盖此类人员。城乡特困人员自行选择供养方式，可在服务机构集中供养，也可在家分散供养。2016 年，累计投入 302 万元用于城乡特困人员基本生活救助。

（3）城乡低收入：城乡低收入群众即低保边缘人员，自 2010 年正式确立为社会救助对象。2010 年认定标准为农村家庭月人均 476 元、城市家庭月人均 731 元，其后经过多次调整，到 2016 年统一为城乡家庭月人均 1050 元。此类困难群众可在证件有效期内，申请本区医疗、教育、住房等专项救助待遇。

二　致贫原因

（1）因病致贫。约占 37%。家庭成员患慢性病、重大疾病、职业病，以及因参战参试部分或全部丧失劳动能力。由于医疗负担重，有的还需要家人长期照料，不但不能为家庭增加收入，而且影响亲人外出就业，“一个拖一个”，甚至“一个拖两个”的情况屡见不鲜，导致家庭陷入贫困。

（2）因残致贫。约占 34%。家庭成员因肢体残、智力残、精神残，部分或全部丧失劳动能力，家庭生活陷入困境。这其中以智力残、精神残尤为明显，且多受遗传基因影响，父母与子女同为残疾，脱贫能力低、救助依赖性强。

（3）因老致贫。约占24%。这一部分群体主要是父母没有退休金，年老后就业渠道逐渐封闭，或由于身体原因无法再从事劳动，收入下降明显，而子女收入低，自顾不暇，没有或经济赡养能力不足，导致生活贫困。

（4）因祸致贫。约占3%。主要是车祸、烧伤、作业事故等，导致家庭中丧失主要劳动力，且没有工伤保险、没有正式工作单位、没有责任方，或找不到责任方，在逐渐消耗掉原有积蓄后，生活陷入贫困。

（5）单亲家庭及孤残儿。约占1.5%。生活、上学、患病压力较大，导致贫困。

（6）其他原因。约占0.5%。包括刑满释放人员、吸毒人员（3人）、艾滋病患者（6人）等特殊原因导致的贫困家庭（见图1）。

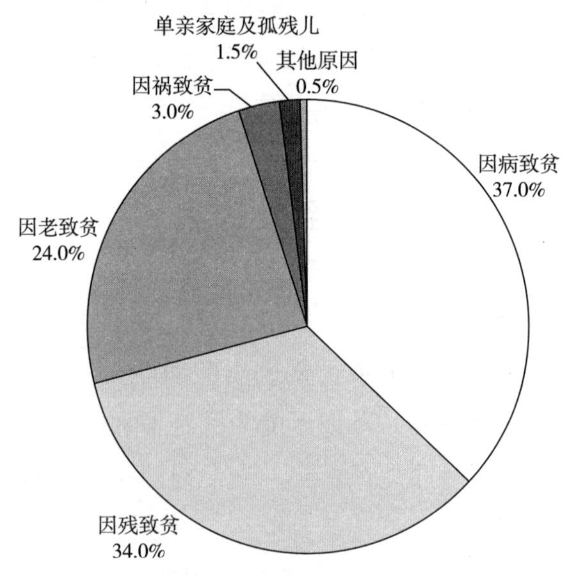

图1　致贫原因分析

三　主要措施

经过十余年的不懈努力，顺义基本形成以生活保障为基础，以医疗、住房、教育、取暖等专项救助为支撑，以大病救助、临时救助、节点慰问为补充的多领域和综合性救助体系。

（一）基本生活救助托底保障

坚持应保尽保，对符合低保条件的全部纳入救助系统，全力做到救助不漏、救助充分、救助及时；坚持城乡一体，低保认定标准统一、申请程序统一、办事规则统一，确保困难群众享受救助权利公平、机会公平、规则公平；坚持分类救助，将困难群众分为特困、重病、重残、20 世纪 60 年代精减、年老年幼、丧失劳动能力等 6 类，给予低保标准上浮 1.15～1.4 倍比例的救助，同时严格执行收入核减、就业奖励、救助渐退等措施，提高制度设计的针对性和科学性，保障困难群众有更好的生活。

（二）专项救助保障特殊需求

1. 医疗救助。一是普通医疗救助，对个人负担费用（扣除自费部分）按照普通门诊住院费用的 70% 进行救助，门诊 2 万元、住院 10 万元封顶，重大疾病统一按照普通门诊住院费用的 75% 进行救助，封顶提高到 2 万元。属于城乡特困人员的，实报实销；二是大病医疗救助，对困难家庭经过其他救助措施后，医疗费自负部分仍然超过 1 万元的再次给予救助，2015 年提高封顶金额达 20 万元。近 5 年来累计支出 2000 余万元，有效减少因病致贫、因病返贫情况的发生。三是精神病人医疗救助，2006 年顺义区建立困难家庭精神病人救助制度，此后逐步提高救助比例，自 2015 年起，在区精神病医院住院的，由财政全额比例给予救助，个人不负担任何费用。

2. 住房救助。2008 年，顺义将市委市政府提出的“城镇无危房”户拓宽到“城乡无危房”户，当年区政府按照每户翻建 4.5 万元、维修 1.35 万元的救助标准为 296 户低保家庭翻建房屋，共投入救助资金 864 万元，是往年救助资金的 4 倍。此后，区政府每年都投入数百万元用于困难家庭危房翻修。截至 2016 年 8 月底，累计投入 6800 余万元为 2000 余户困难家庭翻修房屋近 10 万平方米。

3. 教育救助。2007 年顺义建立了高等新生教育救助制度，对于困难家庭中考入高等院校的大一新生，给予 4000 元的学费救助。从 2010 年起，延伸救助触角并提高救助标准，给予大一新生全额救助（三类本 6000 元）并给予一次性 2000 元生活补助，给予大二 3600 元、大三 2400 元、大四 1800 元的学费救助。截至 2016 年 8 月底，累计投入 1302.69 万元帮助 2984 名困难家庭学子完成学业。

4. 临时救助。顺义于 2006 年建立临时救助制度，对居民因遭受自然灾害或其他突发事件及家庭成员患重病等特殊原因，造成经济支出过大、生活暂时困难的给予一次性临时救助。按照一般救助 500 元 ~ 1000 元，重点救助 1000 元 ~ 5000 元，特殊救助 5000 元 ~ 10000 元的标准给予救助。临时救助措施快速、手续简便、效果直接，有效发挥了救急解难作用。

5. 其他救助。一是供暖救助，对困难家庭给予取暖补助，保障困难家庭温暖过冬；二是电价补贴，按季度对困难家庭用电费用给予补贴；三是资助参保参合，困难家庭免费参加城镇居民基本医疗保险或新型农村合作医疗；四是物业补贴，对困难家庭缴纳的物业费予以报销；五是两节慰问，给予困难家庭 400 元 ~ 800 元慰问金，以及 400 元的慰问品，结合各街道（镇）的慰问安排，让困难家庭每年都能度过温暖祥和的节日。

（三）社会力量参与救助

建立政府与社会救助无缝对接机制，区民政局和慈善协会共享困难群体信息。对于遇到急难情况的困难家庭，经过政府救助后仍有困难的，由慈善协会实施再次救助，最大限度地减轻困难家庭的负担，发挥救助资源的最大效用。截至 2016 年 8 月底，依靠慈善力量共救助近 6000 人，投入资金 400 余万元。

四　下一步工作思路

社会救助是社会保障的最后一道防线，是一项基础性、兜底性制度，顺义区将以建设社会救助品牌区为目标，以全面建成小康社会为导向，进一步创新制度、健全机制，稳步建立与经济社会发展水平相适应，覆盖城乡、救急解难、托底有力、持续发展的科学社会救助体系，推动社会救助事业不断前进。

（1）适时加大低保标准调整力度，保障好基本生活。根据经济社会发展水平，对照城市、农村居民人均消费支出和物价上涨情况，每年提高低保标准，保障并稳步提高生活水平，确保困难群众共享改革发展成果。

（2）进一步加大专项救助力度，拓宽救助覆盖面。在完善现有各专项救助制度基础上，针对因老致贫、因残致贫、参战参试、职业病等困难群众，研究制订特殊救助方案。一是对高龄和经济困难老年人给予护理补贴，满足困难失能老年人基本护理和照料需求；二是对失独困难家庭给予救助，对此类人员入住养老机构的，给予生活照料和护理方面的救助补贴；三是加大精神病人救助力度，继续为重症精神病人免费治疗，满足困难家庭精神病人不断增长的诊疗护理需求；四是完善临时救助制度，对出现突发情况陷入困境的城乡居民，按照

困难程度给予救助，及时有效地解决突发困难，助其渡过难关。

（3）加大社会力量参与力度，增强救助合力。一是加强慈善救助。探索设立由政府引导、社会慈善力量为主体的急难救助基金，用于救助困难群众先期缴纳住院押金、高等教育学杂费、流动人口急难救助及现行救助制度范围之外的特殊情况、个案帮扶等。其中社救对象侧重于解决医疗负担、一般人群侧重提高救助时效性、流动人口侧重保障基本生活；二是加强保险救助。在完善现有 5 项民生保险的基础上，针对特殊困难群众，研究投保专项险种，提高困难群众应对突发灾害和意外事故的保障能力。

B.14
顺势而为，真抓实干，全面发展社会工作

——顺义区社会工作发展纪实

区民政局

摘　要：顺义区坚持以建立和完善“三社联动”机制为牵引，以带动社会力量参与社区建设为抓手，以提升社区治理规范化和服务专业化为目标，大力推进社会工作和“三社联动”。采取加强组织领导，高度重视强力推；注重人才培养，健全机制聚力推；加大财政支持，依托项目恒力推；高度重视宣传，深化认识合力推等做法，增强了居民群众对社区家园的认同感，取得了良好的社会效应，并率先成为首批全国社会工作示范地区。

关键词：顺义　社会工作　三社联动

顺义区下辖6个街道19个镇、123个社区、426个村，注册登记社会组织375家，持证社会工作者689名。近年来，在市民政局的大力支持和指导下，顺义区按照区委、区政府“把握发展的阶段性特征，推动经济社会转型升级”总体要求，与顺义区民政局的“三民”理念、“四大平台”和“五大目标”相结合，坚持以建立

和完善“三社联动”机制为牵引，以带动社会力量参与社区建设为抓手，以提升社区治理规范化和服务专业化为目标，大力推进“三社联动”和社会工作。服务已经全面覆盖6个街道、19个镇，涉及20万余人，大平台促进了社区、社工、社会组织的无缝对接，实现了社区建设、自我管理、互助服务的提质升级，加速了社区管理和服务的良性循环，增强了居民群众对社区家园的认同感，取得了良好的社会效应，并率先成为首批全国社会工作示范地区。具体做法如下。

一 加强组织领导，高度重视强力推

一是健全机构组织。为体现对社会工作的重视，顺义区组建专门责任单位，指定专门负责人，配备6名专职人员，迅速成立区、街道（镇）领导小组，负责社会工作和“三社联动”项目的统筹指导、支持和监督，明确各部门职能定位，加强了对社会工作和“三社联动”项目的组织领导和工作指导。

二是认真研究部署。召开党组专题研究会，把社会工作和“三社联动”作为年度重点工作来抓，出台了《顺义区关于加快“三社联动”推动基层社会治理创新的意见》和《顺义区民政局关于做好“三社联动”服务项目的工作方案》等指导性红头文件，各街道（镇）也纷纷出台了落实文件，进一步明确责任分工，加强组织保障，确保社会工作扎实推进。

三是强化能力建设。每年组织各街道（镇）主管领导和社工机构负责进行专题培训，通过聘请社会组织专家学者授课等形式提高培训层次，提升各级各类人员的思想认知水平。

二　注重人才培养，健全机制聚力推

一是加强人才培养。为加大培养本区的社会工作人才力度，认真制定顺义区社会工作专业人才发展路线，围绕社会工作人才培养、评价、选拔、使用、流动、激励保障等关键环节，建立健全了科学、合理的社会工作标准体系，为社会工作规范化、专业化建设提供保障和规范依据。通过抓好社工登记，做好考前辅导，办好专题培训，利用好现有的社会工作实务实训基地，培养专业社工人才。

二是建立激励机制。为激发民政系统和社会人才参与社会工作的积极性，顺义区专门出台了社会工作人才教育培养的一系列文件，专业社会工作者从报名费报销到工资待遇都进行了详细规定，大大激励了社会工作人才的工作积极性。

三是表彰优秀人才。注重对优秀社会工作人才的挖掘，通过各种方式表彰他们的先进事迹，积极推荐优秀社会工作人才参加全市的评选。2016 年，有 3 名基层社会工作者获得了“北京市社会工作领军人才”荣誉称号。通过多项措施，促进全区社会工作人才在数量、结构、能力、素质上满足日益增长的专业服务需求，更好地带动全区社会工作人才发展。

三　加大财政支持，依托项目恒力推

一是积极协调资金。无论是民间自发的“由下而上”自然发展模式，还是政府主导的“由上而下”跨越发展模式，社会工作的顺利开展都离不开资金支持。顺义区在制度设计阶段，明确了预算资金支持社会工作方向，同时将社会工作经费首次纳入年度资金预算范围，设立专门项目配套资金，各街街道（镇）也积极争取专项资金，确保项目资金及时到位，仅2016年就投入各项资金近500万元。

二是注重项目运作。在区民政系统内部，注重充分利用社会工作的专业性优势，在购买服务项目上向社工机构倾斜，在婚姻登记、社区建设、社区服务、双拥优抚、低保救济等很多领域都由社工机构承担了专业服务项目，有效的延伸了政府臂力，提升了服务的专业性水平和满意度。

三是抓好“三社联动”。在对需求进行调研的基础上，在养老助幼、特殊帮扶、能力建设等多方面积极开展“三社联动”服务项目，探索出了顺义区“社区+社会组织+社工+社区义工”的“四轮驱动”运行机制，不仅提升了服务质量，也促进了专业社工机构在项目拓展、专业督导、行政管理、服务居民方面更加规范，培育出一批新的专业社工机构，尤其是成立了顺义区首家农村社工机构即爱亿融社会工作事务所，得到了北小营镇党委、政府的高度重视，给予了“项目资金无封顶”的鼎力支持，提供了500平方米社会工作室的办公活动场所，全区实现了“三社联动”服务项目全覆盖，逐步建立起了“资源共享、优势互补、相互促进”的社会治理新格局。

四　高度重视宣传，深化认识合力推

一是注重宣传引领。抓住重大政策出台、重要会议召开、重要制度建立、重大活动开展、重要典型推广机会集中力量进行宣传。同时主动策划、精心谋划，定期组织开展一些受众广、影响大的宣传教育活动，切实增强宣传发动的生动性和实效性；以顺义区“情动绿港”电视专栏为平台，通过媒体、报刊和微信等媒介，大力弘扬现代社会工作精神，报道社会工作重大活动，宣传优秀社会工作典型，展示社会工作者风采；以顺义区社会组织成果展厅为窗口，设置“三社联动”成果专栏展示，组织街镇、社区、企业和社会组织5000余人进行参观学习，提高了社会工作的知晓度、认同度和参与度。

二是加强观摩实践。组织社会工作者进行跨区域现场观摩，学习先进示范社会组织的先进经验和成功做法，强化了社会工作者的专业督导和实践指引能力；按照“三实”基地建设标准和要求，加强民办社会工作机构的能力建设，提高社工队伍实务能力。

三是引入公益创投。坚持专业引领，组织社区社会组织，结合需求调研，策划服务项目，各街道（镇）认真参加社会工作公益项目创投大赛，积极探索社会治理、社会服务、社会组织、社会工作融合发展的新型社会治理模式。

B.15

项目化管理、专业化运作、社会化发展

——顺义区扎实开展社区服务社会化

区民政局

摘 要： 顺义区创新工作理念，采取定向购买服务、公益创投等形式，探索社区服务项目化管理。鼓励社会力量在社会服务和社会福利等领域兴办慈善类、公益类、福利类的社会组织，并提升素质建设，培育专业服务人才，促进社区服务专业化运作。坚持“政府主导、社会参与”的原则，整合各类资源，协调社会各方力量以多种形式参与社区服务。

关键词： 顺义 社区服务 项目化管理 专业化运作 社会化发展

社区服务是社区建设的基础，做好社区服务工作，目的是让社会经济发展成果更好地惠及广大群众。2016 年，为贯彻落实市局关于社区服务中心社会化运营的工作要求，顺义区高度重视，积极探索，以满足群众的需求为出发点，按照社区服务“项目化管理、专业化运作、社会化发展”的思路，完善社区服务体系建设，初步形成便民服务、志愿服务、文体活动、老年照料、为困为小和助残关怀等社区服务系列项目，并建立了良性运行机制，提升了社区服务质量，取得了良好的效果。

一　创新工作理念，推进社区服务项目化管理

顺义区按照社会化运营的要求，重新对社区服务中心进行职能定位，积极应对居民日益增长的社会管理和公共服务的需求，采取定向购买服务、公益创投等形式，探索社区服务项目化管理，实现项目“从群众需求中来，到群众的满意中去”，推动社区服务健康发展。全区已有近百个社区服务项目，共同编织了一个与百姓生活息息相关的服务网络。

（一）重新定位职能，完善指导运行机制

顺义区高度重视社区服务中心社会化运营工作，将其列入了《顺义区民政局2016年重点工作》目录，2016年初全面部署了社会化运营工作并将此纳入年度考核指标。一是完善组织架构，专门成立了社区服务社会化工作领导小组，成员涵盖了区民政局领导、街镇社区服务中心主任、社区服务商、社工机构、志愿服务队伍及社会组织代表，同时全区25个街道（镇）全部建立了社区社会组织联合会，健全了社区服务对接机构，实现了项目化运作机构的全覆盖。二是理清职能定位，经过工作领导小组的认真梳理，将区、街道（镇）两级社区服务中心的职能进行重新定位，其中区中心的职能定位为对全区社区服务进行建章立制、统筹规划和监督指导，负责承接政府各项公共服务，各街道（镇）社区服务中心的职能定位为结合区域特点抓好落实，实现“一区一品”，新的职能定位和工作机制推动了社区服务社会化工作的顺利开展。三是制定指导意见，出台了《顺义区关于推进社区服务中心社会化运营的指导意见》，确定了建设“管理有序、充满活力、居民满意”社区服务中心的目标，形成了“项目化管理、专业化运作、社会化发展”的工作思路。

（二）实施项目化管理，创新政府购买形式

顺义区采取由社会组织根据居民需求和自身专业优势，组织筹划和承接政府购买社区服务项目的方式，在社区养老、为少、助残、文化等服务领域试行项目化管理运作。这种方式从根本上解决了原有街道、社区组织实施的服务项目，因行政事务较多存在的管理运作上的“闲时做，忙时停”的问题，真正实现了社区服务“项目化管理”，取得了较好的成效。特别是从 2016 年开始，试点将企业公益创投的理念引入社区服务，创新了政府购买形式，探索政府购买、社会资助、社会组织自筹等资金来源的多元化。按照“公平、公开、公正”的原则，经过项目征集、专家评审、社区公示、协议签署、质量评估等环节，将旺泉街道“为老志愿服务”、光明街道“上门修脚”、胜利街道“真情爱晚——失能老人帮扶工程”3 个项目作为公益创投试点项目。通过实施公益创投项目，鼓励了更多的社会组织主动去发现居民的需求，参与提供社区公共服务和公益性服务。试点项目运作良好，形成了社区特色服务品牌，引导了社会资源参与，拓展了社区服务的内涵，有效满足和解决了社区居民多样化的需求，提升了社区服务质量。

（三）建立评估机制，规范项目质量管理

为推进社区服务项目高效、安全运作，确保资金使用效益最大化，顺义区同步建立了“第三方项目质量评估机制”，购买了第三方评估机构的专业评估服务。由专业机构在项目实施过程中给予实时监控，就项目进程和执行情况做出评估，同时针对出现的问题，提供专业指导，帮助解决所遇到的难题，并就项目执行中出现的不正常情况，及时向项目资助街道（镇）提出建议和意见，协助承接社会组织的服务团队调整工作方案和改进工作方法，避免因项目半途中止或

敷衍了事而影响服务的完成和质量，确保项目的实施效果和项目的可持续发展。通过建立“社区服务项目质量第三方评估”机制，实施科学、公平、规范的项目评估，确保社区服务项目的规范运作，探索建立一套符合顺义区社区公益服务和社会组织发展实际的项目评估体系，为提升社区服务质量提供有效保障。

二　创新培育模式，推进社区服务专业化运作

为确保社会化运营的顺利开展，顺义区重视社会组织和社区社会工作人才的培育，通过试点推进、分类指导等形式，实施社区服务项目化管理，建立了社会工作专业督导机制，创新了专业化社会组织和专业社工的培育模式，为社区服务专业化运作打牢基础。

（一）夯实服务基础，培育专业社会组织

鼓励社会力量在社会服务和社会福利等领域兴办慈善类、公益类、福利类的社会组织。一是基础服务持续推进。区财政每年安排近 500 万元专项经费用于社会组织培育管理，对符合条件的社会组织，按相关政策在场地、税费等方面积极扶持。将每个街道（镇）服务中心的“社区社会组织联合会”正式登记，每年固定有 10 万元项目经费，采取政府购买服务的形式，承接计生服务、就业保障、低保、助残等各部门的行政事务和提供各类为民服务，专职专人，推动了政府职能转移，提升了社区公共服务的专业性。二是培育扶持突出特色。为推动更多的优秀社会组织进驻社区，专业社工进驻社会组织，形成社区、社会组织和社工的“三社联动”机制，通过政府购买服务等形式，引导和鼓励社工机构发挥专业优势，服务社会发展，其中，顺义区佳顺社会工作事务所举办“三社联动”全区覆盖延续项目启动和推进交流会，讲解项目的工作机制，发放

社工工具包、活动工具包，极大地便利了社工开展工作，帮助首次开展活动的人员快速地掌握活动操作要领，促进了“三社联动”项目机制创新。顺义区爱亿融社会工作事务所联合北小营镇前鲁村开展了“绿色启航”知识竞赛活动，活动邀请了青少年及其家长，亲子共同参与，带动了整个家庭参与，让村庄变得更美。创实社会工作事务所在石园街道开展了一系列的敬老、为老活动，通过体验式的交流互动，让老人们充分参与、充分放松，释放自己，形成了社工、义工联动互促的良好氛围，受到了广大群众的热烈欢迎。同时，注重引导慈善类、公益类社会组织，在助残、养老、心理疏导、社区矫正等行业开创了各具特色的服务项目，培育了一批初具规模和具有专业性质的社会组织，为社区居民提供更专业、更优质的服务。

（二）提升素质建设，培育专业服务人才

顺义区专门成立社工协会，主抓社工的素质建设工作，通过不断加强业务培训，培育专业服务人才，提升社工人才队伍建设。一是加大社工人才继续教育。积极组织社会工作负责人员、社区居委会负责人和社工机构负责人等具有丰富实务经验的持证社会工作者，参加社会工作系列培训班，提高社会工作者专业理论水平和实务督导能力，推进社会工作职业化水平。各镇街组织持证社工积极参加继续教育各类培训班，保证社会工作者继续教育学时，提升本土社工专业能力。二是提高社工专业持证率。2016 年 5 月，区民政局与区社工委联合举办为期 10 天的（助理）社会工作师考前培训班，聘请了来自北京市民政教育管理学院等多所院校的社会工作领域专家教授前来授课。培训对象为 2016 年近千名报考（助理）社会工作师职业水平考试的人员。培训内容为社会工作综合能力、社会工作实务、社会工作政策与法规三门课程。通过此类较为系统、全面的考前辅导，提高社会工

作者职业水平考试通过率，并实现全区的社区工作者专业化、职业化水平逐年提高。

三　创新实践路径，推进社区服务社会化发展

顺义区为满足群众多元化的需求，坚持“政府主导、社会参与”的原则，整合各类资源，协调社会各方力量以多种形式参与社区服务。同时，注重打造服务品牌，创新实践路径，推进社区服务社会化发展。

（一）坚持政府主导，推进社区服务有序发展

顺义区积极应对居民日益增长的社会管理和公共服务的需求，积极推动政府购买服务，加强对服务项目的管理和监督，营造社区服务发展的良好环境。

（二）引导社会参与，探索社区服务品牌化发展路径

实施社区服务项目化管理，使服务项目源自于居民、受益于居民，将更多的社区居民吸引到社区各项事务中来。一是社区服务商积极参与。顺义区共有 60 余家社区服务商，全部被纳入社区服务体系，服务项目包括家政、综合维修、餐饮配送、摄影理发等。社区服务涵盖了有偿、低偿、无偿服务，社区居民在家门口就能享受便捷、实惠的服务。二是社区义工特色突出。顺义区积极发挥全区 25 个义工分会和 364 个义工工作站的组织优势，充分调动 4 万名社区义工参与社区服务的积极性，创建了覆盖城乡的“春蕾、绿色、霞光、蓝盾、春雨、乐农”六大主题服务项目。通过“统一标识、规范内容、形成系列”等方式，加强社区志愿服务项目的标准化、系列化、品牌化建设，受益人群达 10 万余人。三是社区聚心凝力。各个社区结合

“四知四清四掌握”的工作机制，充分利用掌控的辖区社情民意及服务资源，研究分析社区居民群众的人员结构，了解和掌握辖区党员群众及驻区单位的服务需求。针对社区公共服务项目的空白点和薄弱点，依托优势资源，挖掘辖区群体的深层次服务需求，创新工作载体，形成“一居一特、一居多特”的服务特色，打造特色品牌服务项目，逐步探索了一条品牌引领、社会化发展之路。

B.16
六项创新促进社区矫正工作规范高效发展

区司法局

摘　要：　从社区矫正六项创新工作的现状入手，分析了顺义区六项创新工作开展中的重点难点问题，包括安全问题、设备问题、场所问题，并针对这些问题提出了破解思路，即严格管控确保活动安全、提升技术确保监管效果、改善条件确保规范履职等。

关键词：　顺义区　社区矫正　六项创新

2003 年 7 月"两高两部"联合印发的《关于开展社区矫正试点工作的通知》正式拉开了我国开展社区矫正工作的序幕，截至 2009 年 9 月，社区矫正已在全国全面推行。2012 年颁布实施的《社区矫正实施办法》，更加全面地总结了社区矫正工作的实践经验，以提升社区矫正效果为根本出发点，确立了今后一个时期内社区矫正工作的基本原则与方向。13 年来，社区矫正工作在提高对罪犯的教育改造质量、维护社会安全稳定方面发挥了重要作用，收到了良好的社会效果。

指纹报到、集中教育、社区评议、电子监管、矫正宣告、社区服务六项创新工作，是北京市结合社区矫正工作开展实际，进一步健全和完善社区服刑人员监督管理、教育矫正而进行的新举措，得到了中央、司法部，以及北京市委、市政府的高度肯定，对全国社区矫正工

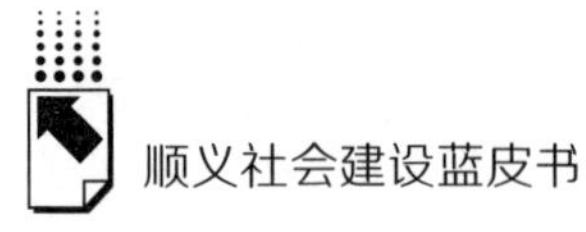

作的发展具有引领和示范作用。

本文仅以顺义区为研究案例，从社区矫正六项创新工作的现状入手，尝试探讨六项创新工作开展中的重点难点问题，以及针对其重点难点提出破解思路。希望能为加强和创新社会管理提供一些有益的借鉴作用。

一　社区矫正六项创新工作现状

（一）已开展的效果显著

一是指纹报到方面。社区服刑人员指纹报到已形成常态化的工作机制，新接收社区服刑人员头像及指纹采集率超过 95%，指纹报到准时率达到了 100%。

二是集中教育方面。积极做好初始集中教育的组织管理工作，2016 年度已组织开展 9 批次，176 名新接收社区服刑人员参加了市局集中初始教育活动，教育合格率达到 100%。通过集中教育活动，进一步强化了社区服刑人员的服刑意识、身份意识及罪犯意识，为社区矫正各项工作的有效开展打下了良好基础。

三是社区评议方面。充分发挥社区居民的参与监督作用，依托《顺义区社区矫正社区评议工作实施办法》和《顺义区社区矫正社区评议工作管理考核办法》文件，进一步规范了社区评议工作开展的适用范围、工作流程及职责划分，圆满完成了 25 个街道（镇）的 511 个村（居）515 个评议小组 1545 名社区评议员的推荐选聘工作，建立起了专职评议员队伍，与社区服刑人员见面、周评、季度例会等工作开展顺畅有序。

（二）未完成的有序推进

一是电子监管方面。在电子监管设备采购配备完成的基础上，积极做好电子监管工作指挥中心改造建设、司法所培训试戴等工作，同时结合顺义工作实际，制定下发了《顺义区司法局社区矫正电子监管工作管理考核办法》及《顺义区司法局社区矫正电子监管工作内部核审办法》文件，进一步规范了电子监管工作的适用范围、工作职责、考核标准及违规处理办法，细化了社区服刑人员在实施电子监管工作中，发生不予加戴、提前解除、延期加戴、终止等情形的审核流程，为下一步电子监管工作的常态化打下了良好基础。

二是矫正宣告方面。按照市局《关于进一步规范社区矫正宣告工作的暂行办法》文件要求，完成了区级矫正宣告室外观改造及硬件设备配备工作，实现了“统一室内装修、统一设施配备、统一宣告流程、统一参与人员”的“四个统一”工作标准。2016 年，区级矫正宣告室已对 145 名新接收社区服刑人员全部进行了矫正宣告，矫正宣告制度落实良好。同时，将进一步加快基层司法所矫正宣告室的建设改造工作，努力提高矫正执法的严肃性和教育效果。

三是社区服务方面。积极做好社区服务公益劳动基地的总体规划工作，计划将于年底前投入试运行。基地选址顺义区南彩镇河北村，占地 18 亩，社区服务项目库已建立，基础办公设施、劳动场地的改造建设工作也已全面展开，为进一步加强对社区服刑人员参加社区服务的集中管理，提供了有力保障。

二 工作中存在的重点难点问题

（一）安全问题

集中教育、社区服务等社区服刑人员集体活动的开展，能够充分发挥社区矫正修复社会关系、培养集体观念、强化纪律意识的功能作用，但在运送环节、组织环节、实施环节等方面，也存在道路交通、人员监管等安全隐患（例如，人员运送途中发生交通事故、社区服刑人员集中活动期间突发急病、社区服刑人员脱管或发生群体斗殴事件等），势必造成管控难度加大、脱漏管风险提高等问题，为集中教育、社区服务等环节工作的开展带来了潜在风险。

（二）设备问题

社区服刑人员指纹报到、电子监管工作中信息化监管技术的引入，进一步提升了社区矫正工作的实时监管效果。但目前配备的指纹仪及电子监管器精度不够（例如，体力劳动者指纹采集需反复多次、人员活动轨迹追踪有较长延时等）、基层司法所录音笔及执法记录仪等电子设备配备不足、设备报警误报情况较多等问题，使信息化监管未能收到理想的效果，设备更新、软件升级工作迫在眉睫。

（三）场所问题

部分基层司法所办公条件有限，办公场所面积较小，硬件设施配备紧张，按要求设立专门的、规范的矫正宣告室条件难以满足，在一定程度上限制了社区矫正执法活动的有效开展，这也是实际工作中亟待解决的问题之一。

三　针对重点难点问题的破解思路

（一）严格管控确保活动安全

首先，严格新接收社区服刑人员体检工作，筛查患有重大疾病或传染病情况的人员，确保参加集体活动的社区服刑人员身体状况良好。其次，严格限定集中教育、社区服务等社区服刑人员集体活动的参加人数，一般不超过 20 人。并按照 4∶1 的比例，每 4 名社区服刑人员配备1名司法助理员或矫正干警，全程参与人员监督，确保遇突发事件能够迅速反应、妥善处置，将突发事件的危害和损失降到最低。同时引入人身意外商业保险，逐步健全社区服刑人员参加集体活动的风险保障机制，有效规避可能发生的交通、人身意外风险。实现社区服刑人员集中教育、社区服务等集体活动质量的整体提升，将“以教代管”功能发挥落实到位。

（二）提升技术确保监管效果

进一步强化社区矫正工作的资金保障，及时将基层司法所录音笔、执法记录仪等电子设备配备到位，矫正宣告、社区评议工作全程录音录像，确保执法规范。同时，积极协调设备供应商，做好指纹采集设备和电子监管设备的损坏更换、设备更新、软件升级等维护工作，努力提高设备精度、优化延时误报等问题，加强对社区服刑人员的全方位监管，实现“人防”与“技防”的有效结合，不断提升社区矫正管控工作效果。

（三）改善条件确保规范履职

努力争取市、区、街道（镇）各级政府的重视及支持，进一步改善基层办公条件，增加办公场所面积、完善硬件设施配备，确保矫正宣告等工作职能的规范开展和有效落实，为社区矫正规范化、科学化发展提供有力支持。

四　以六项创新工作开展为契机，促进社区矫正规范高效发展

下一步，将严格按照《顺义区进一步加强社区矫正工作的实施意见》，以及上级关于开展六项创新系列文件要求，继续将社区矫

正六项创新工作落到实处。并以此为契机，积极转变工作职能、创新工作思路，以提升社区矫正工作效果为核心，以强化信息技术监管为支撑，以预防和减少重新犯罪为目标，将顺义区社区矫正工作持续推向前进，为打造平安、稳定、和谐的社会环境做出应有的积极贡献。

B.17
加强基层服务型党组织建设的实践与思考

胜利街道工委

摘　要：总结了顺义区胜利街道服务型党组织建设成效与做法：采取了重班子，加强队伍建设；常教育，提高思想认识；强保障，建立服务机制；促实效，创建服务品牌等做法。分析了胜利街道服务型党组织建设存在的困难和问题，提出了相关对策建议。

关键词：街道　党的建设　服务型党组织　社区党建

加强基层服务型党组织建设，是党的十八大做出的重大战略部署，是新时期加强党的组织建设的新目标、新要求，是协调推进“四个全面”战略布局、落实首都城市战略定位、推动“四个转型升级”的重要保障。胜利街道工委按照党的十八大和中央决策部署，认真贯彻落实市委、区委各项工作要求，立足实际情况，着眼“六有”工作目标，按照“六星”工作标准，积极履行职责，以服务促发展、促稳定、促和谐，进一步推进基层服务型党组织建设全面发展。

一　服务型党组织建设的成效

（一）思想政治教育进一步加强

通过采取“请进来”和“走出去”的教育方式，进一步提高了社区党员干部的政治思想意识、看齐意识、服务意识和综合素质。“请进来”：举办社区党组织书记、副书记培训班，邀请市委党校教授、区委党校老师、北京师范大学教授，搞好理论宣讲和政策讲解；“走出去”：组织机关干部职工、社区两委班子成员前往北京市西城区广安门内街道、金融街街道及所属部分社区居委会，观摩学习，交流经验。在“抗战胜利纪念日”等重要日期前夕，充分利用抗日战争纪念馆、焦庄户地道战遗址、烈士陵园等阵地，通过重温入党誓词、老党员讲抗战故事等形式，深入开展革命传统教育和爱国主义教育。

（二）社区党组织服务阵地有效夯实

按照“三有一化”（即有人有钱有场所、构建城市区域化党建格局）的标准，积极推进社区党组织建设，除太平和前进两个拆迁社区外，其余16个社区的办公用房和活动用房均已达到350平方米的标准。街道有13个社区达到“六型社区”要求，社区服务条件得到进一步改善。新增社区益民书屋6个、电子图书阅览室5个、多功能厅2个、棋牌室4个、书画室2个、健身室1个、居家养老室1个，18个社区室内活动中心面积已到达4800余平方米，为居民提供文化体育服务场所。拓展居民室外活动场所，着力整治了建北三社区粮食局、华夏楼后面500余平方米的环境脏乱点，安装健身器材，建成居民体育健身场地；集中清理永欣嘉园西墙外小树林、花鸟鱼虫市场南侧三角地等3000余平方米的垃圾和杂草，硬化地面，使辖区居民活动有了一个好的场所。投入60余万元，在18个社区更新宣传橱窗100余块，建设科普画廊2块，强化了宣传阵地建设。在每个社区都建立了“居民议事厅”，为居民议事提供了会议场所。

（三）为民服务工作有序开展

坚持以人为本，从细处着手，积极主动为居民排忧解难。积极改善辖区环境和人民生活品质，补植补种政府直管社区绿地和绿化带4200余平方米，清理辖区非法小广告4万余条，及时制止辖区商户私自开门、社区居民私搭雨棚等违法行为3起。主动协调有关部门，为太平社区191户居民通上了天然气。在建南建北5个政府直管社区安装300根晒衣杆，解决了老旧社区居民晒衣晒被的困难。在11个老旧社区安装一层楼梯扶手，解决居民上下楼梯的“一米之困”。在18个社区组建科普队伍，全面开展“提素行动”，提升了居民的科学素质。在街道范围举办“书香社区”“书香家庭”等活动，充分调动了居民参与读书的热情，丰富了居民精神文化生活。通过开展“二月新春”“小车会进社区”等文化活动，扎实推动辖区文化工作的全面发展，满足了居民的文化和精神生活需求。

（四）平安、和谐社区建设扎实推进

近年来，针对因辖区校舍建设、住宅楼节能保温施工等大型工程任务多，繁华地段流动人口多，外来人员多，维稳形势严峻的实际情况，街道积极履行属地管理责任，充分发挥了“党代表”工作室、信访接待室、司法调解室等服务站点的功能，积极调处了施工扰民和邻里纠纷等各类纠纷，促进和谐社会的构建。同时，充分发挥社区2000余名志愿者力量，加强了对地区重点人员的看护、帮教和扶助工作，强化了社会治安防控力度，编织了社区安全网，顺利完成了重大节日和重点时间的安全维稳工作，确保了辖区的和谐与稳定。

二　街道加强服务型党组织建设的主要做法

（一）重班子，加强队伍建设

以2015年社区党组织换届选举为契机，选优配强社区党建班子。

按照“思想素质高、工作能力强、热爱社区工作、党务工作经验丰富、群众基础好”5 项标准，为 18 个社区配齐配强党组织班子。通过换届，选举产生社区党组织书记18 名，专职副书记18 名，委员48 名，共计班子成员84 名，平均年龄39 岁。队伍更加年轻化，其中45 岁及以下中青年骨干61 人，约占总人数的73%。新一届党组织班子成员中大专及以上学历的有 81 人，占总数的96.5%，较上届提高了7%，社区党组织成员文化素质得到进一步优化，班子建设进一步得到了加强。

（二）常教育，提高思想认识

街道加强指导，制定《2016 年社区两委班子学习指导意见》，要求各社区按照指导意见，根据实际情况制定《社区党组织学习计划安排表》，明确学习时间、内容和形式，确保学习教育到位。2016 年以来，街道为各社区党组织先后下发了《三严三实党员干部读本》《党政机关公文写作》《习近平总书记系列重要讲话读本》等学习书籍100 余本，制定并印发《胜利街道2015 年工作总结和2016 年工作思路》等文件材料，确保学习资料充足，文件精神贯彻到位。定期邀请区委党校教授、市委党校教授授课，对政策进行解读。

（三）强保障，建立服务机制

经费使用“规范化”。制定了《社区党组织服务群众经费申报、审批、使用工作流程》，建立“三报三审”工作机制，即社区党组织每年初申报全年经费预算；每季末报送具体项目经费计划；每年底汇报全年经费使用情况。包括领导审核社区上报材料是否合格；管理小组审批社区预算计划是否合理；党员大会审查社区党组织经费使用是否合规。走访入户“常态化”。近年来，街道坚持实行“一线工作法”和“六必访六必问”等制度，通过开展“民情恳谈会”“社干走楼”等活动，切实征求居民意见建议，坚持写“民情日记”。针对走访入户过程中发现的问题、困难，进行集中汇总，召开专题研讨会，制订解决方案，逐一帮助解决。对社区党组织难以解决的难点问题，及时上报街道工委，大力推动解决。考核测评“标准化”。建立健全社区两委班子和社区党员的双向互评制度。一方面，以办理群众申请事项的数量、办结率、承诺期限兑现率和群众满意率等来核定干部工作的成效，每半年在社区党员中测评一次，对测评结果末位的同志进行重点帮助和指导。另一方面，每年年底组织社区党组织对社区党员参与社区建设、志愿服务等方面工作进行打分评比，召开社区党员大会，对优秀党员进行表彰，对先进个人和优秀事迹进行重点宣传。

（四）促实效，创建服务品牌

近年来，街道工委坚持服务长效高效的工作目标，注重在打造精品、创造品牌、提升品质上下功夫、做文章，取得了实效。

一是积极创建社区服务品牌。确定怡馨二网格化管理项目、怡馨一邻居节项目、建北一星级反哺项目、建北二慈孝文化节项目、胜利夕照桃园为老服务项目5个“一区一品”项目作为试点，总结经验，带动其他社区“一区一品”项目的开展。以开展廉政风险防控“三个体系”试点工作为抓手，重点打造红杉一品、永欣嘉园、前进3个“党风廉政示范社区”。积极推进幸福西街社区“五星级党员评定”、建南一社区“老兵服务队”、义宾北社区“党员义工队”等党建项目建设，在居民中树立社区党组织品牌形象。

二是精心打造窗口服务品牌。街道工委以提升服务质量和服务效率为主线，在政务服务大厅、18个社区服务站全面开展“政务服务大讨论”活动，着力打造微笑、高效、真诚、满意的为民服务品牌。每月定期开展“服务之星”评选工作，以不记名投票方式评选“服务之星”，营造互相促进、争创先进的工作氛围。设置完善各种引导标识、公示牌、服务指南、示范文本，制订便民服务卡等措施，公开办理事项、办事程序、申报材料等，最大限度地方便群众办事。进一步严肃服务窗口纪律，规范行政服务大厅人员的文明礼貌用语、来访接待礼仪、穿戴着装。

三是大力培育志愿服务品牌。在每年的各级“两会”、重要节日和重大活动期间，积极组织社区党员志愿者发挥作用，成立安保服务队伍，自觉站岗执勤。积极引导共建单位和在职党员参与社区建设，做好志愿服务工作。18 个社区党组织共与辖区 51 家共驻共建单位签订责任书，辖区在职党员回社区报到共有 550 名，全部认领了社区治安巡逻、政策法规宣传、青少年教育等多种公益岗位。

三　服务型党组织建设存在的困难和问题

虽然街道工委在推进基层服务型党组织建设方面，做了大量有益的探索，取得了一定的成效，但在工作实践中还存在一些不足和困难。

（一）基层服务型党组织的队伍建设有待进一步加强

虽然街道注重招录大学生党员充实到社区党组织中来，但由于目前社会工作者待遇较低、出路不多，基层党组织的骨干力量流失比较严重，存在人才储备不足、新老交替频繁的问题。从队伍素质来看，社区党组织书记虽然经常参加上级的培训学习，但多数是以社会治理为主要内容，党建方面的培训还很少。另外，新任的社区专职副书记虽然年轻，有活力，但目前职责还不清晰，对党建工作的特点、规律也把握不准、理解不透，制约了社区党建工作的开展。

（二）基层服务型党组织的服务资源有待进一步丰富

虽然街道近年来投资建设了残疾人温馨家园和日间老年人照料室，在有条件的社区开办了图书阅览室和健身活动中心，但因辖区老旧小区多，居民公共活动场所有限，大部分社区的党建活动场所少、小，满足不了社区居民的文化体育和休闲娱乐需求。虽然社区办公面积基本已经达到了规定标准，但就人口和活动面积比较来看，大部分社区人均活动面积不足0.1平方米，特别到了冬季，矛盾更为突出，在一定程度上限制了党员、居民的参与以及活动开展。驻区单位的停车场、餐厅、会议室和文体活动场所等，向辖区居民开放的程度有限，资源的利用率不够高。

（三）基层服务型党组织的服务效能有待进一步提高

随着城市结构调整，辖区内人户分离现象比较突出，一些党员参与党组织活动受到一定的限制，特别是前进和太平两个拆迁未回迁社区，居民居住分散，活动组织不便，因此基层党组织服务的整体合力有所减弱。在开展为民服务方面，一些手段和方式还不能适应居民的新要求，需要进一步的改进和提高。在培育社会组织和动员社会力量参与社区建设方面，还缺乏完善的制度和体系，创新服务的能力和水平有待提高。

四　工作中的几点启示及对策

经过近一年来的工作实践，各社区服务型党组织建设工作取得了一定的成绩，党员干部与社区居民的感情更深了，群众对社区党组织的工作更加理解、认可和满意了。通过实践，主要有以下三点启示：一是加强基层服务型党组织建设必须注重班子和队伍建设；

二是加强基层服务型党组织建设必须要树立改革创新精神；三是加强基层服务型党组织建设必须坚持常态长效。根据启示，提出以下对策。

（一）抓队伍，在提升服务能力上下功夫

街道工委将多措并举，切实抓好管好带好队伍，为服务型党组织建设提供强而有力的人才支撑。一是要抓好基层党组织领导班子这个龙头。总结2015年社区党组织换届选举工作经验，继续完善社区班子选人用人和管理机制，加强人才储备，实现良性循环。明确工作职责，切实增强专职副书记做好社区党建的责任感。积极为社区党组织搭建工作及保障平台，为他们开展党建工作提供有利条件。二是抓好党员干部教育培训这个基础。大力推进基层学习型党组织建设，采取集中学习、研讨交流、专家授课等方式，重点搞好对基层党组织书记、专职副书记和党员干部的培训工作。依托现代网络平台，通过QQ、微信等方式，不断丰富教育培训载体。在党员干部中牢固树立“服务能力就是执政能力、服务水平就是执政水平”的理念，增强服务居民的思想自觉和行动自觉。三是抓好党员干部监督管理这个关键。把党内监督贯穿到社区党员干部中，坚持日常监督和重点监督相结合、工委班子考核与群众民主评议相结合，形成严密的监督考核体系。定期对基层党组织和党员干部进行考核，开展民主评议，在监督和管理中强化社区党员干部为民服务的意识，提升履职尽责的能力。

（二）求创新，在增强服务效能上出实招

街道工委将在抓创新、求实效上下功夫，进一步提高服务效率，增强服务的针对性。一是不断扩大党的组织和党的工作覆盖面。加强街道工委区域化党建和非公企业党组织建设。针对地区商务楼宇和流

动人口多的实际，组织力量深入搞好调查研究，摸清辖区流动党员的现状和底数，加大基层党组织的组建力度，并积极将区域内各级组织纳入党的工作范围，不断扩大党的组织覆盖。二是充分发挥社会组织和志愿者在服务群众方面上的力量。积极推动辖区党员与困难群众实施结对帮扶，动员社会组织和志愿者采取“一对一、多对一”的方式，向困难群众提供志愿服务。不断延伸拓展服务内容，不仅要解决群众生活中的具体困难，还要积极营造良好的社会风气。对到社区报到的在职党员，搞好宣传引导，切实把他们的特长和技能运用到民需上。三是加强服务品牌培育。按照“一区一品”“服务型党组织”建设的工作要求，普及推广以往的党建创新项目、示范点的经验做法，创新服务的方式和手段，积极开展“党群1+1”、党员先锋岗、党员志愿服务等活动，实现服务载体多样化、服务手段现代化、服务项目科学化的目标。

（三）定制度，在构建长效机制上见成效

街道工委将把制度建设作为重要环节紧抓不放，深入持久地抓好落实。一是建立健全考评机制。结合党建工作“星级党组织创建”和“三级联创”工作要求，切实抓好党组织和党员干部考核评价。深化社区党员干部公开承诺、民主评议党员等工作，努力形成组织评价和群众评价相结合的评价机制。注重评价结果的运用，把服务成效作为党员干部考核奖惩、选拔任用的重要依据，引导党员干部真正把服务承诺落到实处。二是建立完善党员干部联系服务群众机制。充分发挥基层党组织和党员在服务群众中的带头、推动和引领作用，认真落实基层党组织负责人责任制，建立一级抓一级、层层抓落实的工作体系。坚持机关处科级干部分片包居、社区居委会干部包楼、楼长包门、门长包户的“四包”制度，按照“重心下移、职能下沉、资源下放、服务延伸”的原则，真正为社区居民解决实际困难。三是建

立完善保障机制。街道工委继续加大对社区党组织的支持力度，进一步加强经费保障、人员保障、场地保障、设施保障和技术保障。努力开展基层服务型党组织的建设，增强社区党组织的活力，积极创建形式多样的服务载体，让活动更加贴近基层、贴近实际、贴近群众。

B.18 关于推进空港街道国际化社区建设的思考

空港街道办事处

摘　要： 空港街道结合辖区外籍人口多的特点，探索国际化社区建设新思路，促进外籍人员融入社区。分析了街道国际化建设现状，提出了空港街道国际化社区的发展思路，包括健全制度体系、硬件设施逐步完善、了解需求服务为先、多方参与共建社区、文化引领相互交融、联动资源加强交流等。

关键词： 空港街道　国际化社区　社区文化

一　街道概况

空港街道东临首都国际机场，西临温榆河畔生态走廊，毗邻朝阳、昌平两区，M15 号线沿途穿过。街道下辖 17 个社区，常住人口 6.3 万人，外籍人口 6828 人，占总人口数的 11%，涉及英、法、美、德等近 60 个国家，主要居住在中央别墅区，人员结构包括使馆人员及家属、外企工作人员、学生等。辖区内商圈体现出中外荟萃的特色，包括中粮祥云小镇、温榆广场等，更多的是中西餐厅、咖啡酒吧、潮流精品、艺术画廊、超市零售等，可以同时服务中外居民。此外，辖区内设有国际学校 3 所，双语学校 10 所，供外籍学生及本地学生学习交流。街道正在探索国际化社区建设新思路，为打造“国际化空港，智慧型社区”奠定坚实的基础。

二　街道国际化建设现状

街道紧紧围绕“社区党建是社区发展的龙头”这一主题，全面推进社区各项工作的开展，先后取得了“北京市社区侨务工作示范单位”“北京市智慧社区”等荣誉称号。在开展好常规党建工作的同时，街道工委积极探索外籍人员融入社区的新模式，努力搭建更多的文化交流平台，以文化引领，实现外籍居民参与社区活动，来提高外籍居民的归属感和参与度，例如，在春节、端午节、万圣节、圣诞节等重大节日举办联欢活动，能够让中外人民相互了解文化、参与其中，通过这样的文化交流方式，促进多元文化融合，同时，通过“网球交流赛”“中外居民趣味运动会”“社区马拉松”比赛、“中外社区文化建设比较分析”讲座等活动，展现了国际社区中外居民文化融合、共建友谊、亲如一家的和谐氛围。

居民议事也是街道一项特色，利用居民议事厅的阵地，充分发挥居民民主自治，吸引在职党员、外籍居民等为议事成员，居民议事厅成为居民日常参与社区建设的平台，也是党建工作向外籍居民延伸的窗口。

街道积极推动社区三社联动机制建设，面向国际化社区居民开展服务，组织丰富多彩的社区邻里互助、跳蚤市场、爱心捐赠等活动，改善邻里人际关系，为凝聚地区发展共识提供支撑。同时，社区积极培育和发展社区社会组织、志愿服务队伍，并吸纳外籍居民参与社区管理与社区服务，增进外籍居民的“主人翁”意识，也增进不同文化背景居民之间的了解。

三 街道国际化社区建设发展思路

街道在认真总结天一、天二等涉外社区及参观朝阳区麦子店街道国际化社区建设经验做法的基础上，科学制定国际化社区发展的长期规划，不断实践探索国际化社区建设的新模式，接轨国际的基层治理理念和方式，加快建设一批具有中国特色、管理有序、服务完善、环境优美、治安良好、生活便利、和谐幸福的国际化社区。

（一）建立健全制度体系

明确国际化社区建设方案，将营造国际文化氛围，搭建国际交流活动平台和构建国际化社区服务新机制作为社区国际化的重要内容；完善外籍人员精细化管理制度，对街道内各社区外籍人员数量、国籍、居住规律、生活习惯、社会参与意识情况进行统计，建立街道外籍人员基础数据库，及时有效掌握外籍人员状况，并据此联合街道派出所、街道相关科室、社区居委会、物业制定及实施各项管理制度，切实有效地保障社区秩序正常有序。建立街道外籍人员紧急联络制度，及时有效地将社区活动动态传达给外籍人员，鼓励外籍人员积极参与社区建设。建立外籍人员协管员制度，有计划地培养外籍人口协管员，对相应协管员、社区工作者进行语言培训，全面拓展、提升外籍人口协管员的语言沟通能力和业务水平，做好外籍人员管理的语言沟通、协助管理、组织活动等相关工作，更好地为外籍人口管理工作提供保障。积极推动社区“三社联动”机制建设，面向国际化社区居民开展服务，同时，社区积极培育和发展社区社会组织、志愿服务队伍，并吸纳外籍居民参与社区管理与社区服务，增进外籍居民的“主人翁”意识，促进不同文化背景居民之间的相互了解。

（二）硬件设施逐步完善

建设国际化社区，需要不断完善社区医疗、教育、生活等与国际接轨的配套设施，提高街道各社区园区环境状况，在有限的条件下将社区环境状况做到最好。完善安保配套设施，建立国际水平的社会安全体系，加快安全社区建设工作，努力向国际安全社区迈进。完善休闲娱乐活动场地、设施建设，在教育、科技、医疗、文化、健康、养老等多方面品质上得到提升，吸引更多的国际友人到街道居住生活。

街道在现有外籍居民社区配套双语设施、发布双语信息、建立侨务宣传角的基础上，还将在街道的交通枢纽、道路系统、公共设施、主要商业街及重点单位等设立多语种图文标识，制作街道双语宣传册、地图，适当发布双语信息、制订双语居规民约等，加强双语宣传效果，营造积极向上的国际化社区建设氛围。除此之外，社区还要加大政策法规的宣传力度，这是一个潜移默化的过程，要以尊重为前提，逐步实现文化的理解与渗透。

（三）了解需求服务为先

国际化社区建设的主体是社区服务，因此，街道坚持“以人为本”的宗旨，把满足居民需求、提高生活质量作为社区工作的出发点和落脚点。建设国际化社区，首先需要能够提供多元化的服务，了解、关心外籍居民的需求。因此，在社区服务站设置双语服务岗和双语服务热线，在了解他们需求的同时积极为社区外籍人口提供便捷的、国际化的服务，更多的是在物业服务的基础上提供各项便捷服务。比如，为管家服务，为他们发放便民联系卡，提供居住证办理、报修、急救、投诉建议等各类服务；社区义工、志愿者也可以对外籍人员走访慰问，了解他们的生活状况和需求并尽力解决他们的问题。

（四）多方参与共建社区

推进国际化社区建设时，把外国人也纳入其中，让外籍友人在参与社区治理的过程中真正融入社区。街道通过多种方式让外籍人员参与到社区建设中来：一方面，可以利用居民议事厅的阵地，吸引外籍居民成为居民代表，让外籍居民在议事厅中参与社区建设，为社区建设建言献策，包括在社区制定居规民约也可以咨询、参考外籍居民的意见，制定更加国际化的标准；另一方面，在“三社联动”的基础上，组建一批中外各国人员组成的社区社会组织，或者积极吸收热心公益事业的外籍人士加入义工、志愿者队伍，参与社区建设、社区活动，调解社区外籍人士邻里、务工纠纷等，协助外籍人士融入社区。

（五）文化引领相互交融

“十三五”规划中提出“提高文化开放水平”要加强中外人文交流，在交流互鉴中展示中华文化独特魅力，同时积极吸收借鉴国外优秀文化成果、先进文化经营管理理念。这就需要搭建更多的文化交流平台，通过文化引领，实现共同治理，提高外籍居民的归属感和参与度。

国际化社区成员的多元化决定了其价值需求的多元化，多种文化的融合性是国际化社区的本质要求。这就需要积极开展各类中外文化交流活动，提升街道国际化社区融合度，增强社会文化开放性。

街道组织了多项形式多样的文化交流活动，主要体现在各国节日期间相互体验不同国家的节日文化，可以在坚持现有文化活动的基础上，发展特色文化活动，形成属于街道的国际化建设特色品牌。一方面，可以让外籍人员体验或者学习中国的传统文化，学习汉字、书法、绘画、戏曲、太极、茶道、各民族民间手工艺等，感受我国传统文化的魅力；另一方面，可以定期举办一些其他国家特色文化主题展示会，展示不同国家的文化、风俗等，除此之外还可以组织一些美食交流活动、文体交流活动等。让广大外籍居民在“走进来”的过程中，更多地了解我国传统文化，学习传统文化，而本地居民在发扬中华传统文明的同时，感受异国风情，体验国外文化，学习借鉴好的风土民情，在居民相互交流的过程中，打破本地居民与外籍人员的隔阂，共同筑建和谐幸福社区。另外，还可以开展一些国际的文化交流论坛，让不同国家的人能够畅所欲言，增进相互理解，为凝聚地区发展共识提供有力的支撑。

（六）联动资源加强交流

空港街道国际化社区建设正处于探索过程中，需要在学习其他成功案例的同时探索出一条属于空港街道的特色国际化社区建设之路。因此，在国际化社区建设过程中需要加强与各方的交流合作。首先，街道各部门各社区与街道内各种资源的合作，比如，在进行文化交流的过程中，结合教育资源，在学校组织交换生项目。其次，加强与物业公司之间的交流合作，社区居委会可以联合物业公司，定期组织物业员工、园区内保姆、保洁人员开展技能、双语等培训，提高专业化水平，更好地为社区内中外居民服务。再次，加强与市、区外事侨务办的沟通交流合作，做到资源双向对接，形成可持续的有影响力的活动效应。最后，可以与其他街道联合做活动，让外籍居民能在异地来一次“老乡会”，同时街道也能在这个过程中相互借鉴，相互学习，共同进步。

街道国际化建设在顺义区是首家，需要在借鉴其他街道国际化社区建设经验的同时，不断探索国际化社区建设新模式，努力走出具有空港街道特色的国际化建设之路。因此，必须在以上方面继续努力，同时也要全方位提升居民的文明素质、文明礼仪，加强外籍人员与社区居民的深层互动，以开放的姿态欢迎世界各国友人，以包容的心态吸纳世界多元文化，让国际化建设成为居民自愿参与、主动推进的工作，通过汇聚各方力量，不断叠加正能量，建设具有街道特色的社区环境，为打造“国际化空港，智慧型社区”奠定坚实的基础。

案 例 篇

Cases

B.19
石园街道积极构建整合型居家养老服务体系

石园街道办事处

摘 要： 石园街道以“街道统筹协调、社会多方参与、社区总体评估”为主要工作思路，积极构建整合型居家养老服务体系。分析了辖区的居家养老需求调查情况，总结了开展居家养老的主要做法、工作成效，明确了下一步的工作方向。

关键词： 石园街道　人口老龄化　居家养老

随着人口老龄化，养老问题越来越成为不可回避的社会问题。

石园街道立足实际，整合多方资源，创新工作机制，以“街道统筹协调、社会多方参与、社区总体评估”为主要工作思路，通过明确工作职责、搭建服务平台、加大资金投入、鼓励多方参与等措施，探索实践，试点先行，逐步形成由街道统筹管理的1个社区服务中心、80后义工社具体运营的3个社区养老服务中心、各个社区服务站管理的15个日间照料室组成的“1+3+15”的养老服务架构，构建起“社区公益服务为核心、社会专业服务为支撑、市场个性服务为补充”的“三位一体”居家养老服务体系，全方位、立体化、多层次服务辖区居民，在养老服务方面进行了积极有效的实践探索。

一　石园街道居家养老需求调查情况简介

石园街道于2005年3月获批成立，辖区面积9.6平方公里，现有15个社区，常住人口数总计6.84万人，60周岁以上老年人7102人，其中空巢老人2606人，占老年人总数的36.7%。针对辖区老年人口比重大，空巢独居老人多的特点，2015年年初，街道采取调查问卷和入户走访相结合的方式，在辖区范围内针对60周岁以上的老年群体，进行了居家养老服务需求调查。共采集有效样本2000份。经数据分析与整理，发现老年人需求主要体现在三个方面：一是助餐，在日间照料服务方面，老年餐的需求量占比为70.2%，特别是行动不便的老人，“吃饭”成了他们生活的首要难题；二是照看，大多数老年人的日常照料还是依靠子女，为了不影响子女工作，69.2%的老年人希望社区能够提供定时联系服务；三是慰藉，作为特色服务项目的组成部分，心理疏导与精神慰藉需求占到了48.1%。

二　石园街道居家养老对策研究与实践

（一）加大资金投入，完善为老服务硬件设施

在区委区政府的大力支持下，石园街道多措并举，不断加大资金投入，通过新建、改造等方式，对社区服务中心、社区文体活动中心，以及社区居家养老服务驿站、日间照料室等进行高标准硬件升级。改造后的社区服务中心达 1583 平方米、社区文体活动中心达 1435 平方米。通过场地支持、购买服务、运营补贴、积分反哺等方式，先期试行运营石园北三、港馨、石园西区三家社区居家养老服务驿站，为老人提供“离家不离社区”的文化娱乐、健康理疗、生活照料、心理疏导、精神慰藉等服务。同时，逐步升级、优化其他社区日间照料室的居家养老服务功能，满足居家老年人日益增长的养老服务需求，增进老年群众福祉，提高老年生活品质，让老年人有更多的获得感与幸福感。

（二）政策扶持引导，强化为老服务制度保障

为切实提高街道居家养老服务的整体水平，促进养老服务社会化，石园街道以建设“没有围墙的养老院”为出发点，从制度上保障 5 个服务主体，即社区服务中心、居委会、80 后义工社、专业餐饮单位、物业公司，协力协作、合作联动，为辖区老人提供零距离贴心为老服务。先后制定实施了《石园街道构建居家养老服务体系的试行办法》《石园街道居家养老服务合作框架协议》《社区“养老品牌”建设的实施方案》等文件，为居家养老服务体系的顺利运行提供了制度保障。

（三）理顺各方关系，构建街道养老服务体系

石园街道在探索实践整合型养老模式的过程中，重在提供规划引导、政策支持与制度保障，具体运营工作则按照项目制的方式，交由社区公益组织80后义工社、颐福园餐饮服务公司和易来福居家养老服务中心等专业机构进行。通过与“80后”义工社签订公益协议，鼓励专业社工与社会企业等多方公益性资源共同参与辖区为老服务；购买专业服务，与颐福园餐饮服务公司签约，为辖区提供老年人就餐、配餐、送餐等服务；与易来福居家养老服务中心合作，开展“关爱失能老人”计划，为辖区失能老人提供专业化服务。

三　石园街道居家养老工作成效

依托于政府、公益组织、社会组织、企业、志愿者等多方力量的共同参与，得益于社会工作、心理咨询、医疗护理等多种专业方法的共同介入，石园街道在多元协作的共同努力下，不断推动居家养老向品牌化、品质化、品味化方向发展。

（一）社区公益服务推动居家养老品牌化

作为社区公益性组织，80后义工社拥有专业社工15名，依托其丰富的社会资源，设立多彩而温馨的为老服务项目，协助社区培植特色养老品牌。

打造石园北三社区“暖夕阳”为老服务品牌。结合石园北三社区实际，在信息采集、倾听居民意见的基础上，“80后”义工社进一步完善社区为老服务中心设施建设，配齐为老服务中心的电梯、监控、消防等人性化设施，以及助浴、助洁、助医等场地设施，倾情打造四大服务项目：以“温情速递”为主题的生活照料服务；以“乐

活健康”为主题的医疗保健服务；以“沁满书香”为主题的精神文化服务；以“守望相助”为主题的互助共助服务和针对老年人个案开展的“私人定制”服务。在提升居家养老、日间照料、文体娱乐、健康养生等服务功能上下功夫，居民不出社区就能享受到安全优质、个性化、智能化的养老服务体验。

打造石园西区“献夕阳”为老服务品牌。石园西区退休教师多，有活力且经验丰富，有展现自我价值的意愿，为鼓励老年人走出家门，继续发挥余热，80后义工社以“书香社区·老有所为”为主旨，组建文化传承志愿服务队和文化特色小组。比如，以“敲醒沉睡的心灵”和“流金岁月”为主题的关爱社区老人小组；以“夕阳黄金屋”、“书写人生”与“老少同读一本书”为核心的书香传承小组；由巧手工坊、夕阳红乐器队组成的文体娱乐小组等。为老年人之间实现自助互助搭建平台，推动消极养老向积极养老转变。

打造港馨社区“悦夕阳”为老服务品牌。港馨社区属回迁小区，居民对居家养老服务等概念较为陌生，还处于“村转居”的过渡阶段。针对此种情况，80后义工社以港馨为老服务站为平台，遵照“街道协调、社工导引、老人参与”的原则，以心灵手巧手工坊、“温情速递”、棋牌比赛、“唱出社区精彩·舞出社区精神”等活动项目，满足不同层次老年人的精神文化需求，拉近距离，愉悦身心。

（二）社会专业服务推动居家养老品质化

在居家养老服务需求调研中，“吃饭难”成为亟待破解的首要难题。2015年5月，石园街道着力推动老年餐桌建设，实施“打造幸福石园，解决吃饭难题，让居家养老服务在石园地区全覆盖”项目，采取“试点先行、总结经验、全面铺开”的方式，全力打造“辐射型”老年餐桌。先期以港馨一区、港馨二区为试点，依托社区居家养老服务驿站，每周制订出营养配餐的固定菜谱，老年人通过服务站或电话预定餐品，由配餐中心集中加工制作，专车统一配送到服务站，由志愿者具体负责订餐、分餐、送餐上门。2015 年底，街道老年餐桌正式对外开放。对辖区重残及 80 岁以上老年人提供低偿配餐及免费送餐服务；持证残疾人、60～79 岁老年人、持证优抚对象等提供低偿配餐服务，并对行动不便、确有送餐需求的人员提供免费送餐服务。在此基础上，街道 510 平方米的配餐中心顺利完成升级改造，标志着以配餐中心为基地、以老年餐桌为载体、以社区居家养老服务驿站为依托的为老助餐服务体系初步形成，通过“中央厨房＋社区配送”的方式，全方位、多层次满足老年人的服务需求。2016 年 1～11 月，为 80 岁以上老年人、残疾人及特殊群体提供服务 48389 人次，累计销售 338723 元，打折优惠 84680 元。其中送餐服务 31452 人次，支付送餐费用 78630 元；为 60～79 岁老年人提供服务 101558 人次，累计销售 804467 元，打折优惠 89385 元。

（三）市场个性服务推动居家养老品味化

与政府相比，市场在兼顾老年人需求多样性方面具有一定的优势，能够在竞争中高效率利用资源，增强服务的专业化水平，从而提升社区养老服务质量。为此，2016 年 7 月，石园街道与易来福居家养老服务中心签订合作协议，在辖区开展“关爱失能老人·共享生命尊严”公益项目。利用“互联网＋”理念，采取线上搜集整合养老资源、线下运作经营养老服务的模式，依托其智能化的“易来福智能养老服务平台”，为 200 名失能老人提供医疗咨询、康复护理、紧急求助、日间托管、精神陪伴，以及延伸定制等特需服务，使服务人员进入老人家庭工作，实现了服务流程的即时闭环管理。与此同时，为满足辖区内个别化、高端化的养老服务需求，街道通过“街道提供场地、居民自主选择、市场方式运作”的方式，由易来福居家养老服务中心针对居民需求，实施定制化、智能化、个性化的高端关怀与照料。4 个月来，易来福通过石园西区和港馨西区两家居家养老服务驿站，共为老年人提供服务 26729 人次，且呈逐月上升趋势。

综上，经过近两年时间的研究与摸索，石园街道的居家养老服务体系建设已经取得了初步性成果，得到了广大居民的一致好评。下一步，石园街道还将进一步丰富服务内容，扩大服务覆盖面，在现有三个服务驿站的基础上，新建五里仓居家养老服务驿站，将信息化、智能化建设纳入服务范畴，不断提升老年人生活幸福指数。

B.20

私人订制暖人心　居民议事共协商

——旺泉街道加快推进社区减负增能行动

旺泉街道办事处

摘　要：　旺泉街道创新管理和服务运行机制，制订社区负面清单，并改进服务方式方法，实行预约服务，强化社区服务功能，实行“私人定制”，以“私人订制”式服务实现对日常工作的补充和延伸。街道积极推进居民议事协商，促进多元参与。

关键词：　旺泉街道　社区减负　社区协商

为进一步增强社区自治功能，推进政社良性互动，旺泉街道以保障居民民主权利为根本，开展议事协商，积极推动社区减负增效。

一　开启“私人定制”模式，推动社区减负增能

（一）创新管理和服务运行机制，制订社区负面清单

根据北京民政局及区民政局相关文件，街道梳理社区公共服务事项名单。街道定制了居委会负面清单，针对居委会无权出具的证明进行详细的说明及解释。同时积极清理社区服务事项，按照社区党务、居务、政务相对分离原则，将社区承担的各项政府职能和社会事务从

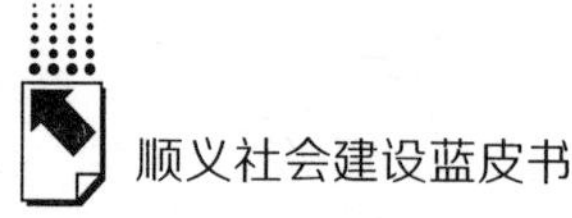

社区居委会剥离出来，形成社区党委领导、居委会自治、社区服务站承接的运行机制。

（二）改进服务方式方法，实行预约服务

预约服务是一种全新立体式服务模式，可以在时间和空间上解决居民办事难的问题。社区将能够预约的服务内容、预约电话在居民楼门口进行公示。居民如果在工作日内不能到社区办理有关事项，可以采取电话预约等方式，向社区对口工作人员预约时间（包括双休日）办理，社区工作人员会在规定时限内对预约时间、办理预约事项进行服务确认，随后开展预约服务。社区的上班族不能在工作时间来社区居委会办理业务，可以预约其他时间，社区工作人员将在约定时间，为他们提供服务。对行动不便、有特殊情况的服务对象不能到居委会来办理业务的，将提供上门服务，实现“零距离”服务模式。宏城花园社区于2016年年初率先开展“私人订制”服务，方便了居民办事，如有位居民想申请办理出租房房屋许可证，因房主平时没时间，通过电话预约周末来社区办理，由工作人员为其填写了《宏城花园社区预约服务登记表》，并按照预约时间办理了业务。

（三）强化社区服务功能，实行“私人定制”

街道将“以人为本、服务居民”作为社区服务的根本目标，把社区工作从繁重行政事务中解脱出来的同时，促进社区自治，推动开展志愿服务活动。社区通过有偿服务和无偿服务相结合、社区共建共享与政府支持相结合、专业服务与志愿者服务相结合方式，开展面向老年人、残疾人、优抚对象的社会救助和福利服务，面向空巢老人日间照料、居家养老服务，面向社区居民的便民利民服务等，推动社区服务的社会化、产业化、现代化。前进花园社区80多岁的独居老人王静，由于年事已高，家住六层，出行极其不便，去医院就医更加困

难，她向社区提出了上门诊疗的需求。社区根据实际情况，将每周二下午定为固定诊疗日，安排了社区志愿者服务队的王占河医师（原潮白河骨伤科医院医生，已退休）为老人提供上门义诊服务。铁十六局社区为照顾8位特困独居老年人，开展爱心午餐来敲门活动，提供老年餐“私人定制”服务。

“私人订制”式服务是对日常工作的补充和延伸，这种方式实现了“24小时守候服务，让服务没有死角”，在“一站式”服务模式的基础上，将服务阵地推进到居民家中，也推进到了居民心中，2016年共开展活动20余次，提供“私人定制”式服务200余件。

二　多元参与暖人心，居民议事共协商

2016年，旺泉街道各社区开展议事厅活动44次，解决事项59次，居民参与1700余人次。

（一）完善机制，明确责任

根据《顺义区民政局关于建立“社区议事厅”加强社区民主协商工作的通知》，街道制定并完善了《“我的社区我做主”社区居民议事厅制度》，根据社区实际，确定每社区每季度至少召开一次议事厅例会，解决社区居民的问题，完善了民意反映机制。议事厅解决的都是旺泉辖区与居民密切相关的事项，因此规定街道主要领导及社区要成为协商会议的重要部门参与其中来。一年来，街道主要领导、包社区干部、各科室工作人员与社区一起，针对社区居民提出来的“疑难杂症”，提出建设性建议，并由居委会组织议事会议，居民广泛参与协商，推动解决。例如，前进花园社区属于老旧小区，小区各项设施老化严重，又没有正规物业公司管理，到了夏季楼房屋顶漏雨严重，严重影响到社区居民的生活。社区居委会了解情况

后，积极联系相关部门，包社区干部及城建科积极开展调查工作，针对问题开展居民议事协商，并上报街道，街道工委拨付相应资金，联系施工单位对房屋进行了修补，基本解决了社区居民楼房漏雨的难题。

（二）了解需求，疏通问题

前期议事厅会通过居民论坛、网上论坛、民情恳谈、社区对话等，多种途径搜集居民反映的急、难、热问题，进行归纳整合，形成议题；居民也可通过“社区居民提议箱”、提议电话、公共邮箱或社区官方微博提议，也可直接向社区党组织、居委会、服务站工作人员提议。社区党组织、居委会、服务站负责对居民的提议进行收集，并在收到议题后的10个工作日内进行审核，对符合受理条件范围的予以受理，对内容相同或相近的进行整合处理，原提议人作为共同议题人。对不符合受理范围的做好情况反馈与说明。认为确需提交议事厅商议决定的，将其确定为居民议事厅的议题。随后，通过实地调研，确定议题的各利益方，公示后，召集各方在相关地点进行讨论协商，推动社区问题的解决；同时街道社区党组织对议事过程进行监督，保证公正公平，并实施评价。例如，铁十六局社区最初和某个餐饮企业开办的老年餐桌，因为利益微薄甚至亏损，菜品并不能让辖区居民和老年人满意，于是社区协调小组就召开了居民议事厅，请供餐单位负责人、居民代表、就餐的老人一起来“议事”。社区老人们提出更换老年餐桌的供餐单位，同时增加面条、馒头等主食供应的要求。作为此次协调小组组长的社区居委会克服困难，不仅更换了餐桌的供应商，而且请社区的志愿者们帮忙为老人们开展代买代卖和送餐服务。宏城花园居民提出一层安装便民扶手、望泉家园社区居民提出修建社区南门等问题都通过居民议事厅协商议事得到解决。

（三）赋予居民话语权

议事厅是居民开展自治的新模式，所以居民是主体，居委会变成组织者和协调者。前进花园社区有个废弃的公共厕所，早期因无人管理而荒废许久。社区召开议事厅会时，有居民代表提出为居民特别是老人们方便应该将此厕所重新启用。厕所实际为物业管理，以居委会主任为首的议事厅协商小组多次进行协调，并向街道争取了资金，将厕所重新装修，重新投入使用。西辛一社区党员对“志立方”党员志愿服务驿站的使用、牡丹苑社区居民建议开放社区北门等都是这样的典型案例。议事厅让居民参与到社区建设中来，通过协商，赋予了居民的话语权，让居民成为社区建设的主体，也让居民有了反映问题、商议问题、解决问题的平台，为居民提供了广开言路、献计献策、“评头论足”的渠道，培养了居民关心社区事务的意识，让社区居民自己拍板决定社区事务，形成了居民“共议、共建、共管、共享”的社区建设新机制。

（四）挖掘社区内生资源，激发志愿者精神

社区议事厅由议事协调小组组织活动，协调员由社区党组织、居委会、服务站、业委会、物业公司、驻社区单位、社区社会组织、社区民警、居民群众等各方面的代表组成，负责提出议题、协调事宜；同时还邀请议题涉及的利益双方，把社区建设所涉及的主要力量联合起来，成为社区建设的主动力。铁十六局社区主路两侧曾经被小摊贩“霸占”：卖衣服的，摆摊卖鱼、卖水果的，杂七杂八的二三十户占满了整个道路，阻塞交通，行人行走不便，老人小孩出来都特别担心，地上到处是果皮纸屑，社区的小市场形成多年，在带给社区居民方便的同时，也带来了扰民、影响环境、治安隐患等诸多问题，严重地影响了辖区居民的正常生活。对此，居民有很多不满的反映，居委

会想出各种办法并协调城管执法力量进行多次清理，但由于商贩流动性太大，治理效果难以巩固和持久，形成了治理、反弹，再治理、再反弹的局面，居住在周边的居民意见很大。为此，社区专门召开议事厅会议议事，就问题的症结所在，提出成立“爱家”环境劝导队，来承担清理小商贩的任务。劝导队对商贩们进行文明劝阻，及时制止乱停乱放、占道经营等行为，有一个劝走一个，有时遇到不理解恶语相向的商贩，队员们耐心地与商家沟通，好言相劝，晓之以理，动之以情，直到劝走为止，感动了社区的居民，他们自发帮助劝导，街面秩序得到很好的改善。

（五）居委会与街道联手协调统筹议事厅活动

通过协调统筹，推动活动有解决方案、有落实。议事厅主要作用是通过研究、讨论社区建设中的薄弱环节和突出问题，为社区管理提供有关意见和建议，同时协调相关部门予以解决。会议的执行结果由当事人、各利益方、参与协调的其他相关部门人员核对后在书面决议上签字。会议召开后需要履行决议的当事人或相关部门在规定时间内贯彻执行决议结果。协商共识和决策方案涉及社区公共事项需要政府部门履行职责的，由街道办事处协调有关部门实施办理。社区党组织、居委会对协调的执行情况进行监督，并收集执行结果相关材料留存归档，同时做好与居民意见的对接并建立落实机制保障决议执行。梅兰家园社区是限价房小区，主路设计的比较窄，且人车不分流，可小区学生较多，上学时间段人流量大，这就存在很大的安全隐患。议题提出后，居委会邀请居民代表、城建科、物业参加了此次会议。会议建议由城建出专项经费，居委会组织志愿者维护秩序，物业对小区主路进行拓宽改造，并设置人车分流标记。一个月后，小区居民为街道送来了锦旗，纷纷夸赞社区办了实事。议事厅在其中发挥了大作用！

B.21

空港街道裕祥花园社区“互联网+五色管理”助推社区治理模式

空港街道办事处

摘　要：　顺义区空港街道裕祥花园社区推行“互联网+五色管理”工作模式。充分利用互联网优势，结合舆情日记，建成“五色管理综合服务平台”，形成以满足群众需求为根本的出发点，以社区为基础、以社会组织为载体、以社区工作者为支撑的社区治理模式。借助政府之外的社会力量，有效补充公共服务、便民服务和公益服务的不足，促进社区服务向精细化、专业化、标准化方向发展。

关键词：　空港街道　社区治理　社区管理　“互联网+”

一　社区简介

北京市顺义区空港街道裕祥花园社区始建于1996年，占地12万平方米，建有多层楼宇35栋（其中商业楼1栋，办公楼2栋，回迁楼2栋）；社区共建成1227户，出租房屋325户，常住人口3085人，流动人口1165人，户籍人口504人，社区党支部现有党员51人，属商品楼与回迁楼混合型社区。

二 “互联网＋五色管理”——社区治理体系现代化模式

为了更好地满足居民与日俱增的社区服务需求，推动社区智慧化、服务化、社交化建设，提升社区居民的生活质量，社区以为居民办实事为出发点，以信息网络建设、智慧应用建设等作为工作重点。推行“互联网＋五色管理”工作模式，充分利用互联网优势，结合舆情日记，建成“五色管理综合服务平台”，设置社区总览、党员驿站等十大功能模块，实现对社区信息的全方位管理，形成社区“大数据”基础库。重点加强社区党建、社区文化、社区环境卫生，以及社区老年人、青少年、残疾人、社会保障、安全防范等公共服务领域的信息化建设，促进新型社区服务体系建设，逐步建立智慧化社区治理模式。

（一）“五色管理”巧借载体，细化服务，集民智

为精细化社区服务，探索以颜色为媒介，融入社区管理的各个领域，创新“五色管理法”。即：亮出五种身份，利用五种方式服务五类人群。“亮”出支部党员、流动党员、居民代表、楼门长、志愿者五种志愿力量，促使生活在社区中的党员由“隐”到“显”，唤醒了党员的党性宗旨意识和先锋模范意识，积极融入社区管理和基层党建中去，成为社区的带头人。对社区空巢、独居、残疾、出租、常态家庭提供“帮扶结对”“日见面”跟踪、“亲情上门”、“周查月报”及在线“诉求回应”服务。

（二）“目标管理”集民所需，倾力相助，办民事

为更加全面、准确掌握辖区居民的实际需求，高效、务实、妥善

地解决群众关心的热点难点问题。社区通过微信公众平台、网上居委会等8种方式，倾听居民心声，汇集居民需求，整理归纳成自下而上的目标需求纳入顺义区社会服务管理创新指标体系，通过“四事分流”体系进行治理，进一步明确了居委会、物业、社会组织和居民的职责边界，同时通过居规民约引导居民履行自身义务，使政府、社会、居民和物业形成良好的闭路循环系统，政府不大包大揽，居民也有责任担当，社区组织动员居民互助，从而提高议事效率，实现政府治理与社会自我调节、居民自治的良性互动。

（三）“社会组织”整合资源，三社联动，顺民意

形成以满足群众需求为根本的出发点，以社区为基础、以社会组织为载体、以社区工作者为支撑的社区治理模式，借助政府之外的社会力量，有效补充公共服务、便民服务和公益服务的不足，促进社区服务向精细化、专业化、标准化方向发展。孵化培育“五色公益服务协会”，推行积分管理反哺服务制度，激发社区居民参与社区事务的积极性，不断满足社区居民多层次、多样化的服务需求，建立居民参与机制，化解居民矛盾，增强居民的归属感，形成“三社”资源共享、优势互补、相互促进的良好局面，激发社区活力，畅通居民参与社区治理和服务的渠道，保障居民的权益。

三　社区五色管理综合服务平台构成

裕祥花园社区五色管理综合服务平台由前端展示系统和后台操作系统组成。其中，前端信息多媒体查询系统（大屏幕、触摸屏）对居民开放，包括社区概况、办事指南、社区服务、党务公开等信息，其中大屏幕对社区的整体情况进行介绍，并以图文并茂的形式，向居民公布社区的通知、公告、服务等信息。触摸屏采用触控技术，社区

居民只需用手指触摸系统提示语言或相应的文字说明即可出现所需内容，然后触摸所选取内容的翻页按钮即可实现内容的翻阅，对于不太熟悉电脑操作的老年居民来说尤其方便。后台信息操作系统（后台业务系统、综合性终端设备）对工作人员开放，其中后台业务系统基于航拍影像，宏观上显示社区整体楼宇分布及概要信息，楼栋基本信息，显示该住户房屋性质、民情日记、社情民意、住户信息等，并以图标标识身份；综合性终端设备（PAD），在数据入口进行统一更新录入，以文字、图片及视频方式及时上传至平台，实现网格体系工作高效、便捷，减少社区工作者各类在案工作时间，节省资源、减轻工作量、数据共享，对社区进行高效管理，为居民办实事、办好事，加快“三社联动”基础平台建设进度。

B.22 探索绿色就业新模式，促进浅山区农民就业

龙湾屯镇

摘 要：龙湾屯镇作为顺义东部浅山带五个生态涵养发展乡镇之一。以加快推进充分就业示范镇建设为主线，不断探索生态发展、绿色就业新路，将生态环境建设与促进农民就业紧密结合，大力开发绿色就业岗位，千方百计促进农民转移就业。总结了开展绿色就业工作的主要做法、取得的成效，分析了绿色就业工作中面临的问题，提出了对策建议。

关键词：龙湾屯镇　五彩浅山　农民就业　绿色就业

为切实落实中央、北京市关于促进农民增收的精神，把握京津冀协同发展大好机遇，在北京保障首都生态平衡的基础上，以生态促发展，以生态惠民生，促进农民实现绿色就业、生态就业，实现农民增收致富。龙湾屯镇是顺义的浅山区，由于交通不便、信息闭塞等多种因素，外出务工就业人数较少。近年来，随着顺义区“五彩浅山”建设加快推进，龙湾屯镇积极争取支持，持续加大对浅山区农民就业培训力度，同时增加就业补贴扶持。深入探索“绿色就业”工程，以五彩浅山开发和1.6万亩平原造林为契机，坚持农民不离土地、就近就业原则，推进农民一产就业员工化，三产带一产、一产三产化，

吸纳更多的劳动力，使农民就业模式向绿色产业转型升级，提高就业质量增加农民收入。

一　开展绿色就业工作的主要做法

龙湾屯镇作为顺义东部浅山带五个生态涵养发展乡镇之一，因受地域和经济发展的限制，就业渠道狭窄，就业容量有限，农民就业比较困难。从2012年以来，在顺义区委、区政府主要领导的关注和有关部门的支持下，龙湾屯镇立足区域功能定位，紧紧围绕“打造五彩浅山核心区，建设首都慢生活区”的奋斗目标，以加快推进充分就业示范镇建设为主线，不断探索生态发展、绿色就业新路，将生态环境建设与促进农民就业紧密结合，大力开发绿色就业岗位，千方百计促进农民转移就业。

（一）高度重视，认真落实绿色就业政策

摸清浅山绿色岗位用工情况，做到底数清、情况明。认真落实《顺义区社会公益性就业组织管理办法（试行）》《顺义区关于促进五彩浅山地区就业创业工作的意见》等各项政策，将农村就业困难人员纳入绿色生态建设等公益性项目就业安置范围，建立“零就业家庭”档案，填写困难群体援助手册，严格按要求发放“4050”人员社会保险援助补贴，宣传落实小额担保贷款政策，以“资金扶持+创业引导+政策支持”的模式鼓励劳动者自主创业和自谋职业。

（二）拓宽渠道，大力开发绿色就业岗位

树立“生态发展，绿岗就业”理念，围绕生态产业发展，将就业融入产业发展，全面推进绿岗就业工程。围绕浅山区建设、生态环境保护、新农村建设和都市型现代农业发展，大力挖掘平原造

林、养山护水、文化休闲、农产品加工等绿色岗位，开发生态护林员、村镇保洁员、环境监管员、公厕管理员等绿色就业岗位300个，并综合各工种劳务的种类和数量，科学设置了相应的岗位职责及标准，为农民绿色就业提供了岗位保障，重点强化“一产员工化”运作模式，实现“签合同、上保险、保工资”，促进农村劳动力绿色就业。

（三）提升素质，全面开展职业技能培训

为提高农村就业人员素质、稳定农民就业规模、保障农民就业质量，结合绿色生态就业特点，针对五彩浅山开发和平原造林工程对劳动力的需求，强化初级绿化工、保洁员等专业培训；针对民俗旅游和农民合作组织对劳动力的需求，开展民俗礼仪、环境保洁、果树种植等各种技能培训，突出职业技能培训的实用性，切实提高“4050”人员就业能力。目前，累计开展农村绿色就业培训1500人次，切实提高了绿色就业人员的职业素质。同时，继续开展创业指导课，强化创业培训，提供创业信息，加强创业指导及服务。

（四）加强管理，完善公共就业服务机制

为规范农民绿色就业管理与服务，建立“一企一卡”制度并搭建“农信通”服务平台，与全镇25家企业建立了用工需求备案手续，鼓励本镇企业招用和吸纳本镇劳动力就近就业；对全镇3125名劳动力的就业需求、培训意愿等基本信息进行摸底调查，实现农村劳动力数据动态管理；充分发挥电子显示屏、宣传栏、村委会广播站等媒介作用，建立覆盖全镇13个村就业服务站和镇社保所的便民服务网络，为600名有转移就业愿望的农村劳动力建立就业援助台账，开展各类职业指导189人次，帮助120人成功实现转岗就业。

二　绿色就业工作取得的成效

通过深入开展绿色就业工作，拓宽了农民就业的渠道，使农民在阶段性务农的基础上实现了充分就业，在一定程度上解决了农民的转移就业增收问题，农民生活水平得到改善，真正享受到了生态建设的成果。

（一）促进了农民就地就近就业

依托五彩浅山滨水国家登山步道，大力开发基础设施建设、维护、管理等岗位，带动300余名劳动力就业。通过提供小额贷款，帮助有创业意向者制订创业规划等，扶持6人自主创业。以龙湾人力资源服务中心为平台，优先将20余名就业困难人员安置到护林、管水和生态保洁等绿色岗位。借助吉祥八宝葫芦、龙湾巧嫂果品产销专业合作社等农民合作组织和民俗户吸纳120余名劳动力就近就业。截至2015年底，全镇充分就业村比例达100%。

（二）推动了浅山区生态环境建设

通过将农民绿色就业与生态环境建设有机结合，确立“生态建设促进就业，以就业推动生态建设”的互动双赢模式，使登山步道上有保洁员、平原造林有护林员、山林防火有护林员、环境监管有监察员。目前，300余名农民成为全镇生态环境建设者，实现了街道有人扫、垃圾有人清、山林有人看、水源有人护的目标，生态环境明显改观，切实走出了一条保护生态促进就业的新路，为生态环境建设做出了积极贡献，生态环境也成为展现龙湾屯镇浅山生态之美的窗口。

（三）增加了农民工资性收入

从劳动力结构来看，全镇农村劳动力中“4050”人员占20%，低学历低技能人群占90%。由于就业渠道有限，“4050”人员只能靠一产农业增收为主，总体收入水平不高。另外，在镇域及周边区域第二、第三产业就业的低学历人群，因为掌握技术水平低所以工资收入不高。绿色就业是就近就业，是农民转移就业增收的一条途径，300名农民通过看山、护水、保洁等工作平均每人每年增收6000元；80家农户通过加入合作社、开办民俗户平均每户每年增收10000元，拉动了农民人均纯收入增长。

（四）维护了区域社会和谐稳定

就业是民生之本，通过开发公益性就业和绿色就业岗位，实现农民就近就地就业，这不仅是政府促进就业的职责所在，更体现了对弱势群体就业的关心，是一项为民谋利的民心工程。龙湾屯镇虽地处偏远，但在浅山开发中，坚持保持经济稳定增长，促进结构调整和发展方式转变，着眼于发展符合浅山区功能定位的体育、休闲、旅游、文化产业项目，坚持差异化发展，促进绿色就业，努力走出一条产业发展与绿色就业相融合的发展道路，让成果更多地体现到农民收入增长上，切实维护地区经济社会的和谐稳定。

三　绿色就业工作中面临的问题

（一）产业发展层次低，就业需求空间有限

龙湾屯镇是农业镇，经济发展以乡村民俗旅游和果品种植采摘为主。目前镇域内民俗旅游特色不明显，服务项目基本停留在“餐饮+住宿”的浅层次开发上，适应现代旅游消费者需求的互动性、参与性项目少，旅游休闲设施较为落后，缺乏市场竞争力，带动绿色就业的成效不明显；果品种植管理水平不高，品牌化、专业化和组织

化程度还不强，产品附加值低，果品采摘受资金投入、交通条件等诸多因素制约，总体经营规模小，缺少整体规划，樱桃幽谷、龙湾巧嫂等14家果品观光采摘园对地区经济的带动作用还不大，吸纳劳动力就业有限。

（二）劳动力素质不高，实际就业能力有限

龙湾屯镇一产从业人员大多是“4050”人员，掌握技能简单、年龄偏大、体能跟不上，既不能从事技术型工种，又不能从事体力型工种，这部分人只能靠一产农业增收。另外，由于该地区劳动力普遍职业技能较弱，大多数劳动力接受职业技能培训时间短、专业性不强，技能单一，难以适应高层次用工需求，出现了“有劳动力难就业，有空岗位难招工”的现象。

（三）政策机制不完善，促进增收作用有限

龙湾屯镇地处浅山区，从当年11月至次年5月，是长达7个月的山林防火期。其间，生态护林员需每天工作12小时，但市级财政每月仅有500元补贴，加上镇级财力有限，护林员工资收入普遍不高。自2012年以来，龙湾屯镇大力实施平原造林工程，全镇累计造林1.6万亩，后期养护管理可提供大量工作岗位，但由于市场化运作需进行统一招投标，农民基本没有竞标资质，在招投标环节就被排除在用工范围之外，而中标的专业公司通常自带员工，本地农民就业机会相对减少。另外，龙湾屯镇果树种植面积1万余亩，相对于平原造林、三北防护林等生态林，各种果树经济林对北京的生态环境也做出了贡献，但政策方面没有考虑对经济林进行补贴。同时，在社会保险补贴政策方面，对于农民通过民俗户、采摘园实现自主创业、灵活就业，还没有出台相应的岗位补贴和社会保险补贴政策。

四　下一步工作思路

龙湾屯镇作为浅山区和生态涵养区，今后应围绕“打造五彩浅山核心区，建设首都慢生活区”的奋斗目标，树立“生态发展，绿岗就业”理念，立足生态环境建设和绿色产业发展，将绿色就业融入绿色产业发展，加快推进产业发展集约化、农民培训职业化、一产就业员工化，全面推进绿色就业，实现农民转移就业，为全区城乡一体化经济社会发展做出新的贡献。

（一）大力扶持绿色产业，实现产业发展集约化

综合运用就业、产业、环保、财税、金融等相关政策，扶持合作社、采摘园等生态经济实体发展，推行一产企业化，大力提升其市场生存力、竞争力。按照产业特色化、基地规模化、生产标准化、产品品牌化的要求，做好“绿色、有机”大文章。大力扶持林下经济，通过建立专项资金、优惠贷款、实物补贴、税费减免等方式提升农民发展林下经济的积极性和主动性。促进传统农业向现代农业转变，果品种植要向观光、休闲、体验型转型升级，使观光采摘园与旅游更好地结合，形成相互的联动，提高经济效益附加值；在民俗旅游建设上，加大扶持力度，增加民俗户数量，进一步提高接待游客的能力和服务水平，使民俗旅游发展向高端休闲度假转型升级。在项目审批、土地规划、旅游开发、资金帮扶等方面制定切实可行的政策措施。建立大项目带动生态就业机制，积极促进市、区重点农业农村经济发展项目，与镇、村发展对接，促进高端要素向郊区转移、聚集，开发都市型现代农业生态就业岗位，稳定农民就业途径。

（二）深入开展技能培训，推进农民培训职业化

职业技能的提升，是稳定就业的前提。应围绕绿色产业发展、绿色就业岗位开发，深入整合各类教育培训资源，面向农民大力开展劳动力素质提升工程，实施“221 金蓝领培训工程”，分层次、有针对性地开展技能人才培养工作，实现“人力资源”向“人力资本”转变。大力实施精细化公共就业服务队伍“成长计划”，从学历水平、职业资格水平等方面提升从业人员素质，打造专业型服务队伍。突出职业技能培训的实用性，开展护林员、管水员、保洁员等职业工种的职业技能培训和岗位技能培训，切实提高“4050”人员就业能力。切实加强宣传引导，利用政府网站、村级广播等宣传手段，提高农民对绿色就业能够带来生态效益、经济增收的认识，增强农民“绿岗就业奔小康”的信念。

（三）理顺政策服务机制，推进一产就业员工化

按照北京市灵活就业、自谋职业社会保险补贴政策向农村延伸的发展方向，结合龙湾屯镇民俗旅游产业的发展，鼓励民俗户及其从业人员，以自谋职业和灵活就业的形式实现绿色旅游就业，通过转移支付等方式，加大财政投入力度，与市级岗位补贴和社会保险补贴政策形成有效对接，以政策资金支持提高就业社会保障程度，切实解决农民在民俗旅游就业中遇到的养老、医疗等实际问题。积极推动临时工（季节工）与所在的一产企业依法建立劳动关系，实现正规就业，享受“稳定工资 + 职工社保”待遇。同时，推动农民合作等组织依法转成法人单位，使农村劳动力成为企业正式职工，享受稳定的工作环境和工资收入，解除农民绿色就业的后顾之忧。

附　　录

Appendix

B.23
附录一　顺义区街道管理体制改革工作方案

按照北京市《关于深化街道、社区管理体制改革的意见》（京办发〔2015〕14号）精神，结合空港街道管理体制改革试点经验，为完善城市管理体制，夯实基层基础，提高全区城市管理现代化水平，制定本方案。

一　街道管理体制改革的必要性

（一）提升管理服务水平，建设服务型政府

进一步明确街道工作职能、理顺职责关系、创新管理体制、优化内设机构、加强运行保障机制。以健全和完善街道管理体制为基础，

以全面提升公共服务水平为目标，真正让居民享有城市化建设和服务的成果。

（二）强化基层基础管理，巩固党的执政根基

完善街道、社区管理服务体制，加强街道、社区基础建设，充分发挥区域化党建在街道、社区的作用；支持和鼓励社区居民和各类社会组织参与街道、社区管理，实现政府管理与社会自治的有效衔接和良性互动。

（三）统筹区域发展，完善城市功能

根据区域特点、功能定位和经济社会发展实际，通过改革实现街道责、权、利对等，保证城市功能的提档升级，进一步加强城市设计与规划，合理安排功能布局，推动城市管理重心下移、职能下沉、资源下放，做实街道、做强社区，不断提高公共服务水平。

（四）服务行政副中心，提升城市品质

顺义区在“十三五”时期将承接更多的非首都功能疏解重任，在服务保障首都核心功能、推动区域协同发展中将发挥越来越重要的作用。同时，北京市行政副中心建设也为顺义区发展带来重大机遇，顺义区毗邻通州区，区域发展优势将更加突出，服务行政副中心建设对完善城市功能、提升城市品质均提出了新的更高要求。

二　改革针对的主要问题

（一）职责范围不清

一是管理范围界定不清。街道成立之初的“三定”方案中规定：

街道只负责对职责范围中社区内的人、地、事、物、组织进行管理和服务，辖区内企业、社会单位的管理和服务仍由原有镇或区属相关部门负责，造成属地管理缺位。二是辖区内多家处级单位并存。街道与相邻镇相互交叉并存，在管理土地、人口、经济发展、社会事务等方面存在重叠和交叉，导致职责不清、行政成本增加。

（二）职能职责不匹配

一是组织公共服务职能缺乏保障，指导社区建设职能不完善，导致相关工作无法跟进。二是监督专业管理职能缺失，呈现“有责无权”的管理缺陷。原“三定”文件中没有赋予街道任何监督权限，更无属地职能和行政执法权，街道只具有与相关职能部门的协助和配合职能，致使街道在工作的安排部署、监督检查和责任落实上存在难度，并且在实际工作中，要求街道承担着与镇同样的属地责任，造成责、权、利的不对等。

（三）财政保障体制不健全

一是街道和社区基本建设经费不足。区财政局每年拨付街道的费用只保证维持机关和社区日常基本工作的运转，而在维稳处突、环境美化、市政维修等方面，由于基本建设经费不足，居民的合理诉求、出现的问题有时不能及时得到解决和处理。二是经费未做到“费随事转”。各职能部门将大量的工作都下派到街道和社区，而经费没有完全按照“费随事转”的要求进入社区，造成街道想干事却无能力干事的局面。

（四）机构复杂、管理体制不顺畅

一是双管单位相互重叠交叉，导致信息反馈不及时、问题处理不到位，极易造成部门间的矛盾。二是“村居并存”管理体制不顺。在拆迁村及回迁社区的后续管理、服务事项界定、村居班子建设、村转居宣教等方面，多头管理，导致工作落实不顺、延续不畅。

（五）内设机构和人员编制不科学

街道部门设置存在与区直管理部门简单对应、科室划分过细、职能重复交叉等问题。街道人员数量不足，需要抽调大量社区工作者到街道工作，造成社区工作人员不足。

三　改革的总体要求

落实三个到位：规划到位、职能到位、保障到位。一是规划到位，即加强顶层设计。明确街道与周边镇（地区办事处）的职责关系，形成权责一致、协调顺畅、监管有效、服务便利的街道管理机制和模式。二是职能到位，即完善工作职能，统筹辖区整体发展。三是保障到位，即按照实际情况核定机构、编制和财政保障机制，做到方案架构到位。力争到 2017 年底，把顺义区街道建设成为职责明确、协调有力、执法有度、管理规范、服务高效的基础平台；把社区建设成为管理有序、服务完善、环境优美、治安良好、生活便利、关系和谐的社会共同体。

四　改革的主要内容

（一）改革区划管理，明确管辖范围

街道在四至范围内，全权行使相关管理和服务职能，以促进地区全面发展。

（二）改革街道办事处工作职能

1. 明确街道办事处职能定位。围绕街道“加强区域党建、开展公共服务、统筹辖区治理、组织综合执法、指导社区建设”的职能定位，进一步发挥街道党工委在街道各类组织和各项工作中的领导核心作用；进一步发挥街道办事处在辖区社会服务与城市管理中的综合协调作用；统筹辖区城市管理，协调监督区职能部门派出机构工作；加强辖区社会管理，维护地区社会稳定；组织开展社区服务，统筹推进社区建设；动员辖区社会力量参与街道管理，激发发展活力。

2. 建立完善街道管理委员会制度。街道管理委员会由街道党工委、街道办事处、政府职能部门派出机构、驻区单位负责人组成，作为街道的议事协调机构，其主要职责是统筹协调辖区的社会管理和公共服务事务以及社区民主协商反映的重大问题等；街道管理委员会办公室设在街道办事处，由街道办事处主要领导牵头，负责日常工作。建立街道管理委员会责任分工、工作会商、任务督查、奖惩考评等工作机制。

（三）改革街道机构设置

强化街道办事处的城市管理职能，剥离不适合街道办事处承担的经济管理和专业管理职能。根据精简、效能、便民的原则，结合各街道辖区面积、人口规模、工作职能等情况，按照“机构设置创新灵活、人力配备充足合理、街道职能全面覆盖、科室统筹条块结合、职能作用充分发挥”原则，研究制定全区各街道“三定”方案（空港街道作为改革试点，按现行改革方案实行）。

（四）改革街道资金保障机制

根据街道服务人口和工作职能等辖区实际情况，调整和完善对街道办事处的财政保障政策。按照科学、合理、公平的原则，确定区街事权和财权，有效配置财政资源，拓宽公共财政保障范围；健全激励制约机制，促进区域基本公共服务均等化，规范街道财务管理，提高街道财务管理水平。出台各街道财政保障办法，充分保障街道事权需求（空港街道作为改革试点，按现行改革方案实行）。

（五）改革街道办事处统筹执法机制

健全完善街道统筹执法机制。由街道办事处牵头，负责辖区内公共安全和环境秩序等行政执法事项的组织领导、综合协调和监督检查等工作。各派驻机构自觉接受街道的统一安排和部署，公安、城管执法监察、食品药品监管等派驻机构原则上每个街道独立设置。区政府有关职能部门负责开展具体执法工作，承担相应的执法责任。

（六）改革街道党组织工作机制

1. 构建区域化党建工作平台。街道工委和社区党组织牵头建立街道党建工作协调委员会和社区区域化党建工作平台，将区域内代表性强、影响大的党政机关、企事业单位、非公有制经济组织和社会组织党组织负责人以及居委会、社区服务站、业主委员会等党员代表纳入其中，统筹区域内党建资源和公共服务资源，构建党委统一领导、区域内各方共同参与的工作体系，2016 年底前街道要全部建立党建工作协调委员会。同时，以区域化党建工作平台为依托，在各单位深入开展在职党员回社区报到工作的基础上，推进社区内各类机关企事业单位党组织到所在或联系社区报到，自觉接受党建工作协调委员会的指导，主动参与区域化党建工作。

2. 优化创新党组织设置方式。在街道管理体制改革中，各相关部门、单位要按照“便于资源共享、便于活动开展、便于管理服务”和“行业相近、地域相邻”的原则，以区域的视角对基层党组织设置进行优化调整。在依托街道、社区设置党组织的基础上，创新区域型党组织组织形式和设置方式，重点在非公企业和流动党员集聚区、商务楼宇、专业市场等地，以适度规模划分区域，采取园区统筹、片区统筹、楼宇统筹等模式建立区域化党组织，不断扩大区域社会组织、非公企业党组织覆盖率；在社区居民中按照志向相投、兴趣相近、活动相似的不同群体建立党组织，合理划分服务网格，组建网格服务团队，做到有群众的地方就有党组织提供服务。

3. 建立健全党建工作机制。街道工委和社区党组织要健全完善区域化党建运行机制，为街道管理体制改革提供坚强的组织机制保障。要建立健全需求征集机制，通过实地走访、开展座谈等多种渠道，摸清辖区各类组织和党员群众在街道管理体制改革中的实际需求，收集反映各方面的意见建议。要建立健全议事规则和工作机制，定期组织驻区单位，围绕前期征集的意见建议以及街道管理、社区治理相关的重大事项进行商议和协调，确定各方需要推动的工作项目和服务任务，为党组织决策提供建议。要建立健全评价监督机制，加强区域党组织和辖区单位、群众对完成工作项目和服务任务情况的动态跟踪、评价监督。要完善企业、机关、高校党组织与社区党组织结对共建机制，加强统筹协调，引导各类资源下沉到基层，发挥优势，主动服务地区发展建设。

（七）改革街道办事处社会动员机制

发挥社会力量在社会治理中的积极作用。创新街道社会动员体制机制，鼓励和支持社区居民、各类社会组织参与社会治理，探索将街道办事处部分事务性管理职能转移给社会组织。发挥志愿者在社会治理中的积极作用，拓宽志愿服务领域，推进社区志愿服务常态化。引导驻区单位和居民群众参与社会治理决策，实现自我服务、自我教育、自我管理。

（八）改革完善社区治理体系

1. 发挥社区居民委员会的主体作用。社区居民委员会要充分发挥在社会动员、服务居民、协调利益关系和维护基层稳定等方面的积极作用，统筹协调社区居民、社会组织、驻区单位的关系，加强对业主委员会、物业服务企业的指导和监督，建立健全社区力量协商共治的工作机制；加强社区社会动员，建立健全重大活动、重大事件、突发事件等的社会动员工作制度。按照专干不单干、分工不分家的原则，社区服务站要进一步加强专业服务能力建设，协助社区居民委员会做好社区公共服务，实现政府公共服务和居民自我服务有效衔接。

2. 强化社区自治功能。社区党组织要加强对社区居民委员会的指导，强化其作为群众型自治组织的功能。健全完善社区居规民约修订、议事协商制度，推广“参与型”社区协商模式，将社区治理、议事协商、社会参与有机结合，逐步将公共服务、公益事业等涉及居民直接利益的事项纳入民主议事协商范畴，实现政府行政管理和社区民主自治的有效衔接和良性互动。创新居民小组形式，加强楼委会、院委会、网格议事会、楼宇自治委员会建设。

3. 培育发展社区社会组织。建立公共财政对社区社会组织发展支持机制，通过政府购买服务、社区公益事业经费补贴、项目委托管理等方式，推动社区社会组织健康有序发展；健全完善社区社会组织备案和登记管理工作，简化程序，提高效率。街道办事处要依托社区服务中心成立社区社会组织孵化中心，利用社区公益事业专项补助资金和区政府购买社区社会组织资金，扶持社区社会组织发展。

4. 完善拆迁社区管理体制。加快研究制定拆迁村集体资产处置方案，积极稳妥地推进撤村工作。建立适合城市社区要求的社区居委会，变拆迁村民为城市社区居民。建立拆迁社区党组织，加强对社区的组织领导，保证社区各项工作的落实。建立健全居规民约，保证社区居委会依法履行职责。

（九）改革提升社区治理能力

1. 加强社区工作者专业化建设。出台《顺义区社区工作者管理办法》《顺义区关于调整社区工作者待遇保障实施方案》，完善社区工作者选聘培训、日常管理、考核评价、薪酬待遇等制度；探索建立社区工作者薪酬科学有序增长机制，畅通优秀社区工作者进入党政机关、事业单位通道，有计划定向招录社区工作者。积极推荐优秀社区工作者担任各级党代表、人大代表和政协委员。

2. 加强社区信息化建设。建立社区治理服务信息化平台，将社区居民、流动人口、房屋租赁、社区社会组织等信息纳入平台。通过社区网站、社区微博、微信等载体，引导居民通过网络投票、网络会议等形式参与社区事务，逐步构建起以社区服务、社区管理为重点的信息化体系，打造高效的信息化、便利化社区。

3. 加强社区网格化建设。以社区服务站为主要依托，建立健全社区城市服务管理指挥工作平台，使之实现基础数据采集、问题发现上报、社情民意收集等功能。强化社区居民委员会在社区网格化服务管理中的枢纽作用，整合协管员、社区工作者、楼门院长等力量进入网格，推动社区自治管理与网格化管理相衔接。广泛动员社区居民、社区志愿者、社区社会组织参与网格化服务管理。

五　工作阶段

街道管理体制改革分为研究部署、全面推进、完善提高三个阶段。

（一）研究部署阶段（2016年6月30日前）

对街道体制改革工作研究部署，并分别明确具体工作任务。各相关单位及街道办事处要根据本方案和具体工作任务，组建专门的组织领导机构，编制各街道具体改革方案。区编办完成各街道“三定”方案，区财政局完成街道财政保障办法。

（二）全面推进阶段（2016年7月1日至2017年12月31日）

各相关单位、各街道要根据具体工作任务，认真实施各项改革的推进工作，明确责任分工，全面开展工作。

（三）拓展提高阶段（2018年1月1日后）

基本完成街道体制改革任务，认真总结街道改革经验，并根据全区经济社会发展实际，适时启动地区办事处（镇）街道改革工作，进一步完善街道体制机制，全面提升全区城市管理精细化水平，形成与和谐宜居城市相匹配的城市治理体制。

六　加强对街道管理改革的组织领导

（一）加强组织领导

为切实加强领导，将改革任务抓紧抓好，成立由区政府常务副区长任组长的顺义区街道管理体制改革试点领导小组，负责全区的街道管理体制改革工作，及时研究协调街道管理体制改革中的重大问题。各街道办事处要根据改革工作部署，严格落实各项改革任务，加强对社区居民委员会的指导、支持和帮助。

（二）落实部门责任

街道要发挥改革的主体地位，充分认识改革的重要意义，积极主动与各相关单位沟通联系。编制部门要加紧研究街道新的“三定”方案；发展改革、财政部门要加大对街道、社区基础设施建设及工作经费的支持和保障力度；公安、城管执法监察、食品药品监管等部门要认真履行各自职责，采取有效政策措施，积极支持街道管理体制改革。工会、共青团、妇联、残联等群团组织要发挥各自优势，积极参与街道、社区改革工作。

（三）广泛宣传动员

各部门、各单位要加强宣传和舆论引导，及时总结宣传改革实践中涌现出的先进典型，推广可复制的经验。要健全社会参与机制，运用群众喜闻乐见的形式，广泛宣传改革的重要意义和进展情况，充分调动人民群众参与改革的积极性、主动性、创造性，为改革顺利开展营造良好社会氛围。

附件：1. 顺义区街道管理体制改革领导小组及工作推进小组成员名单（略）

2. 顺义区街道管理体制改革方案分工（略）

B.24

附录二　顺义区社区工作者管理办法

第一章　总则

第一条　为进一步规范社区工作者管理，培育造就一支结构合理、素质优良、群众满意的社区工作者队伍，切实提高基层社会治理能力，根据《北京市居民委员会选举办法》（北京市人民政府2000年第54号令）、《北京市社区工作者管理办法（试行)》（京办发〔2008〕20号）和《北京市社区工作者考核评议办法》（京民基发〔2012〕296号）相关规定，结合顺义区实际，制定本办法。

第二条　本办法所指的社区工作者是指在社区党组织、社区居委会和社区服务站专职从事社区党的建设、社区居民自治、社区管理和服务，并与街道（镇）签订服务协议的工作人员。

第三条　社区工作者实行规范化管理，在区编办的指导下，由区社会建设工作领导小组办公室具体实施。

第二章　基本职责

第四条　社区工作者的基本职责。

（一）贯彻执行党的路线、方针、政策和国家法律、法规，教育和引导居民遵纪守法，自觉履行依法应尽义务。

（二）执行党组织的决定、决议和社区居民会议的决定、意见，办理本社区居民的公共事务和公益事业，引导社区居民参与社区管理，开展民主协商与居民自治活动，维护居民的合法权益。

（三）组织、协调社区单位开展区域性共建活动，团结带领社区居民开展文明创建，构建和谐社区。积极培育社会组织，整合社区资源，调动社会力量开展便民利民的社区服务活动，建设干净、规范、服务、安全、健康、文化、智慧、诚信的新型社区。

（四）认真听取并积极反映本社区居民的意见和建议，做好社区舆论宣传和居民的思想疏导工作。

（五）协助政府及有关部门做好与社区居民利益相关的社会治安、矛盾化解、公共卫生、社会保障、就业服务、帮扶救助、拆违打非等工作。

第三章　任用

第五条　社区工作者的任用采取选任和招录两种方式。

（一）关于选任的社区工作者

1. 社区党组织中的专职工作者。按照《中国共产党章程》、《中国共产党基层组织选举工作暂行条例》和《北京市城市社区党组织工作若干规定（试行）》参加选举当选的，或被任命为社区党组织成员的专职人员，与街道（镇）签订服务协议，办理相关手续，纳入社区工作者范畴管理。

2. 社区居委会中的专职工作者。按照《中华人民共和国城市居民委员会组织法》和本市的有关规定参加选举、当选为社区居委会成员的专职人员，与街道（镇）签订服务协议，办理相关手续，纳入社区工作者范畴管理。

3. 因选任的社区工作者辞职、罢免等情况使社区党组织、社区居委会在职数范围内出现人员空缺时，由街道（镇）提出用人需求或代理人选，提请党员大会或社区居民会议补选。

（二）关于招录的社区工作者

社区服务站配备的专职工作人员和大学生社区工作者，纳入社区工作者队伍管理。按照专业化、职业化的要求，采取公开招考的办法录用。招录人员必须在区民政局核定的职数内，由街道（镇）提出用人需求报区社会建设工作领导小组办公室，区社会办、区民政局同区人力社保局按照“公开、平等、竞争、择优”的原则每年定期向社会公开招录。招录对象应当具备如下基本条件：

1. 模范遵守国家的法律、法规，政治素质好，责任心强。

2. 热爱社区工作，具有一定的组织协调能力和相关业务知识。

3. 品行端正，身体健康，年龄一般在40岁以下。

4. 具有大专以上（应届毕业生大学本科以上）学历。

5. 具有本市城镇户口。

第四章　工作管理

第六条　服务协议制度

根据《中华人民共和国劳动合同法实施条例》等法规，由街道（镇）与符合条件的社区工作者签订服务协议。社区党组织、社区居委会成员的服务协议实行一届一签；社区服务站专职工作人员首次签订服务协议的期限一般为三年。

第七条　考勤制度

（一）社区工作者应严格遵守社区工作中的各项规章制度，不得迟到、早退、脱岗、旷工。社区工作者请假两天及以下由社区主要负责人批准，请假三天及以上或社区负责人请假需报街道（镇）相关主管科室批准备案。

（二）社区党组织、社区居委会、社区服务站分别负责社区工作者的日常考勤记录，考勤结果每月由社区主要负责人审核签字后报街道（镇）主管科室。

第八条　弹性工时制度

为方便居民群众利用工休时间在社区办理相关事务，社区居委会和社区服务站可实行弹性工时制。在确保满足群众服务需求和保证每周工作时间不少于40小时的前提下，可根据实际情况，安排好工休时间和节假日工作值班，确定相对灵活的上下班时间和各班次的工作人数。

第九条　教育培训制度

按照专业培训、分级负责的原则，建立健全教育培训机制。区社会办每年至少组织集中培训一次，不断提高社区工作者的服务意识、职业素质和专业水平。社区工作者的培训情况记入社区工作者档案，并作为年度考核评议的依据之一。

第十条　职业资格制度

适应社区工作专业化、职业化需求，逐步建立健全职业资格制度。社区工作者特别是新招录的社区服务站工作人员，一般要持有国家社会工作者（社会工作师、助理社会工作师）职业水平证书；已在社区工作者岗位工作未取得职业水平证书的，要通过参加岗位培训、学历教育等方式取得职业水平证书；已取得职业水平证书的，要按照北京市民政局相关规定，主动接受继续教育，其中助理社会工作师在每个登记有效期内继续教育不得少于72学时、社会工作师在每个登记有效期内继续教育不得少于90学时。

第五章　福利保障

第十一条　社区工作者的福利保障。

（一）社区工作者待遇经费由区（镇）财政负担。

（二）顺义区社区工作者待遇水平按照上一年度全市职工平均工

资90%的标准进行动态调整。每年本市上一年度职工平均工资公布后，从当年1月1日起按照新标准发放社区工作者工资。

（三）社区工作者的基本待遇，包括职务工资、专业技术等级工资、综合补贴、绩效奖金、过节费以及任期考核奖励。其中，职务工资包括基本工资、级别工资、年限补贴和岗位津贴；综合补贴包括生活补贴、防暑降温补贴、冬季取暖补贴和保险、住房公积金等待遇。具体标准参照《顺义区关于调整社区工作者待遇保障实施方案（试行）》及北京市有关规定执行。

（四）各街道（镇）要严格按照核定的工资标准发放社区工作者工资，并按照人力社保部门的规定，通过各街道（镇）“社区专职”保险账户足额缴纳社会保险。

（五）社区工作者男满60周岁，女满55周岁，办理退休手续。社区工作者退休后纳入社会化管理，按照《北京市基本养老保险规定》（市政府令第183号）及相关规定执行。通过选任方式产生的社区工作者，可根据工作需要，在办理退休手续后工作至本届任期结束。

第六章　考核评议

第十二条　考核评议的基本原则。

社区工作者考核以社区工作者履行岗位职责和所承担的工作任务、居民满意率为主要依据，着重考核社区工作者的思想政治素质、工作作风、工作能力和履职情况。考核结果分为优秀、合格、基本合格、不合格四个等次。社区工作者的考核评议办法由各街道（镇）根据《北京市社区工作者考核评议办法》制定。

第十三条　年度考核结果的使用。

（一）社区工作者年度考核结果，作为社区工作者续聘、奖惩、高校进修学习、推荐市级先进、干部选拔、公务员招录、事业单位招聘等方面的重要依据。

（二）社区工作者年度考核评定为合格等次，且本人自愿的，可以作为续签社区工作者服务协议的依据，并全额发放绩效奖金。

（三）社区工作者年度考核被评定为基本合格等次的，对其诫勉谈话，限期改进，并酌情扣减绩效奖金。

（四）社区党组织成员年度考核被确定为不合格等次的，不得享受绩效奖金，连续两年被确定为不合格等次的，应依据党内相关规定处理；社区居委会成员年度考核被确定为不合格等次的，不得享受绩效奖金，连续两年被确定为不合格等次的，应责令其辞职，不辞职的应依法启动罢免程序；社区服务站专职工作人员年度考核被确定为不合格等次的，应予以辞退。

第七章　罢免与解聘

第十四条　有十名以上居民代表或者十分之一的户代表联名，可以要求罢免社区居民委员会成员。

第十五条　社区服务站工作人员有以下情形的，应予解聘：

（一）被依法追究刑事责任的。

（二）严重违反规章制度，造成重大损害的。

（三）擅自泄露服务对象资料或隐私信息的。

（四）无故旷工或请假期满无正当理由逾期不归，当年累计超过15天的。

（五）同时与其他用人单位建立劳动关系，影响本职工作开展的。

（六）年度考核被确定为不合格等次的。

第十六条　社区服务站工作人员有下列情形之一的，提前三十日以书面形式通知本人，可予解聘：

（一）患病或者非工伤，在规定医疗期满后不能从事原工作，也不能从事另行安排的工作的。

（二）不能胜任本职工作，经培训或者调整工作岗位，仍不能胜任的。

（三）服务协议订立时所依据的客观情况发生重大变化，致使服务协议无法履行，经双方协商，未能就变更服务协议内容达成一致的。

第八章　附则

第十七条　本办法自发布之日起施行。

B.25

附录三　顺义区关于调整社区工作者待遇保障实施方案（试行）

为进一步规范社区工作者工资结构，拓宽社区工作者晋升发展空间，充分发挥待遇保障的激励导向作用，激发社区工作者工作积极性，根据本市有关文件精神和顺义区实际情况，制定本方案。

一　实施范围

在社区党组织、社区居委会和社区服务站中专职从事社区管理和服务，并与街道（镇）签订服务协议的工作人员。

二　调整工资结构及标准

（一）建立动态调整机制

根据《顺义区社区工作者管理办法》第五章第二款规定，顺义区社区工作者待遇水平按照上一年度全市职工平均工资90%的标准进行动态调整。每年本市上一年度职工平均工资公布后，从当年1月1日起按照新标准发放社区工作者工资。

（二）职务工资

职务工资包括基本工资、级别工资、年限补贴、岗位津贴四个部分。

1. 基本工资。正职每人每月 720 元，副职每人每月 640 元，一般工作人员每人每月 590 元。

2. 级别工资。正职每人每月 960 元，副职每人每月 845 元，一般工作人员每人每月 740 元。

3. 年限补贴。在年度考核的基础上，对考核合格及以上等次的工作人员每年增长一次年限补贴，增长幅度为每人每月 50 元。在社区工作未满一年的只享受级别工资。岗位发生变化的，套新岗位级别工资标准，其年限以在社区实际工作时间累计计算。年限补贴从 2003 年第五届社区居委会选举产生当月开始计算。

4. 岗位津贴。正职每人每月 1500 元、副职每人每月 1300 元、一般工作人员每人每月 1100 元。社区工作者按照实际所在岗位，享受相应的岗位津贴。

（三）专业技术等级工资

社区工作者专业技术等级工资共分四级十二档（见表 1），与其本人所取得的社会工作者职业资格相挂钩。

1. 起点工资。在社区连续工作满 3 年且各年度考核均为合格以上等次，尚未取得国家社会工作者职业水平证书的社区工作者可被评定为社会工作员，社会工作员的起点专业技术等级工资为 120 元；通过国家社会工作者职业水平考试，获得助理社会工作师和社会工作师的，按照北京市相应专业技术等级工资标准的 1.3 倍和 1.5 倍执行，助理社会工作师专业技术等级工资起点为 260 元，社会工作师专业技术等级工资起点为 450 元，自获得证书当月（以批准日期为准）起计算；被评为高级社会工作师的，专业技术等级工资起点为 1080 元。

2. 档次晋升。在社区连续工作满 3 年、6 年、9 年及以上且各年度考核均为合格以上等次，同时尚未取得国家社会工作者职业水平证书的社区工作者，分别享受社会工作员三档、二档、一档工资，自达到规定年限当月起计算。

对取得助理社会工作师、社会工作师、高级社会工作师的，在本专业技术等级内连续工作 3 年且年度考核均为合格以上等次的社区工作者，晋升一个档次的工资。

3. 特殊规定。社区工作者在本人所具有的社会工作专业技术等级内获得第一档工资 6 年及以上，且仍未取得上一专业技术等级资格的，可享受上一专业技术等级内的第三档工资。

表 1　专业技术等级工资套档

专业技术等级		级别工资(元/月)	
		北京市标准	顺义区标准
高级社会工作师	一档	780	1560
	二档	660	1320
	三档	540	1080
社会工作师	一档	460	690
	二档	380	570
	三档	300	450
助理社会工作师	一档	280	364
	二档	240	312
	三档	200	260
社会工作员	一档	180	
	二档	150	
	三档	120	

（四）综合补贴

综合补贴包括生活补贴、防暑降温补贴、冬季取暖补贴等。

1. 生活补贴。正职每人每月 2300 元、副职每人每月 2100 元、一般工作人员每人每月 1900 元。

2. 防暑降温补贴。按照每人每月 150 元，每年发放 3 个月（6 ~

8 月），按月向在岗社区工作者发放。

3. 冬季取暖补贴。正职副职每人每年 2100 元、一般工作人员每人每年 1850 元，每年 10 月底前一次性发放下一采暖季（当年 11 月 15 日至次年 3 月 15 日）的取暖补贴。冬季取暖补贴按照顺义区机关事业单位职工采暖补贴标准进行调整。

4. 其他待遇。按照市有关规定，社区工作者参加基本养老、医疗、失业、工伤、生育等社会保险，享受独生子女费和住房公积金。享受国家和本市关于职工休息休假的相关待遇规定。

（五）绩效奖金

绩效奖金人均 10000 元，本着多劳多得、优绩优酬的原则，根据社区工作者岗位和考核情况，合理拉开档次。每年根据上一年度本市职工平均工资变动情况和行政事业单位人员年度绩效奖金情况，适当进行调整。

（六）过节费

元旦、春节、劳动节、国庆节，每个节日发放过节费 1000 元。

（七）考核奖励

社区“两委”干部在换届选举前进行任期考核，根据考核结果统一发放任期考核奖励，原则上每 3 年发放一次，所需经费列入财政预算。因违纪违法被免除职务或被街道（镇）认定为“不合格”的，扣除本届期内的任期考核奖励。任期考核奖励标准为月基本工资的 3 倍。社区服务站工作人员参照此条款执行。

三　畅通发展渠道

在街道研究探索设置社区工作者专项事业编。每年根据编委会批准的街道年度补充事业人员计划，向社会公开招聘具有一定社区工作经历，大学专科以上学历，45 周岁以下的人员。根据招录人员的工作经历及任职年限，可以竞聘相应的领导岗位。同时，积极对接上级精神，由区委组织部和区人力社保局探索研究优秀社区居委会主任（社区党组织书记、社区服务站站长）进入行政编制的相关政策，进一步拓宽发展空间。

四　退休待遇

社区工作者退休后纳入社会化管理，按照《北京市基本养老保险规定》（市政府令第 183 号）及相关规定执行。在社区党组织、社区居委会中全职从事社区工作的退休人员，享受相应的补贴，具体标准为岗位津贴和生活补贴。

五　其他事项

本实施方案从 2016 年 1 月 1 日起执行。社区工作者待遇经费由区（镇）财政负担。

B.26

附录四　顺义区加强城市服务管理网格化体系建设实施方案

城市服务管理网格化体系建设，是全面推进智慧城市建设的重要内容，是提升社会服务与城市管理精细化水平的重大举措。近年来，顺义区城市服务管理网格化体系建设取得明显进展和成效，但在规范化、信息化、融合化等方面与市级要求还有差距。为进一步加强本区城市服务管理网格化体系建设，加快城市管理网、社会服务管理网和社会治安网“三网”规范化推进、融合化发展、一体化运行，不断提升本区城市服务管理的科学化水平，依据市委市政府办公厅《关于加强北京市城市服务管理网格化体系建设的意见》等“1+3”文件精神，结合本区实际，制定本方案。

一　总体要求

（一）指导思想

深入贯彻落实党的十八大和十八届三中、四中、五中全会及习近平总书记系列重要讲话精神，按照区委“把握发展的阶段性特征、推动经济社会转型升级”的工作总要求，紧紧围绕深化社会治理体制改革、保障和改善民生、维护社会和谐稳定、推进智慧城市建设等重点工作，以综合性“大城市管理、大社会服务”为导向，不断完善城市服务管理网格化体系，全面提高城市服务管理网格化体系的规范化、融合化和一体化水平，建立健全“互联网＋城市服务管理”的应用环境与体制机制，为加快建设“港城融合的国际航空中心核心区，创新引领的区域经济提升先行区，城乡协调的首都和谐宜居示范区”提供有力支撑。

（二）工作目标

1. 总体目标：立足智慧城市发展要求，健全城市服务管理网格化体系建设的工作体系和运行机制，完善纵向互联、横向互动、资源共享、运转高效的指挥平台和管理网络，实现城市服务管理网格化体系的全方位覆盖、融合化发展和一体化运行，充分发挥其在加强城市管理、开展社会服务管理、维护社会和谐稳定等方面的基础性作用。

2. 2016 年目标：建立健全区、街道（镇）和社区（村）三级指挥机构和平台，构建起以区指挥中心为核心的城市服务管理信息化网络；加快推进“三网”建设和开发应用，提高“三网”建设的规范化水平，基本实现“三网”在网格划分、指挥调度、信息系统、基础数据、办理事项、工作流程、服务热线、视频监控、网格队伍等方面的融合。

3. 2017 年目标：在深入推进“三网”融合化发展的基础上，进一步整合各类城市服务管理资源，将相关部门的城市服务管理主要业务延伸到网格、人员力量下沉到网格、工作职责落实到网格，实现一体化服务管理和考核评价，建立城市服务管理网格化体系建设的长效机制，提升城市服务管理网格化的运行水平。

（三）基本原则

1. 加强统筹、规范建设

牢固树立融合、统筹、共享的建设理念，坚持以人为本和问题导向，加强城市服务管理网格化体系的顶层设计，努力做到高标准、高站位。依据北京市相关文件要求，规范“三网”建设的工作内容、业务标准、运行机制、工作制度，有效提升网格化体系建设的规范化、标准化水平。

2. 整合资源、信息共享

强化目标衔接、规划衔接、工作衔接，避免各自为战和重复投资，基于现有信息系统、服务热线、视频监控、网格力量等，实现城市服务管理资源的大整合；打破信息孤岛，通过政府各部门的信息共享，建立全区城市服务管理大数据，促进城市服务管理综合业务的协同开展；依托已有区级指挥平台、街道（镇）各类中心、社区（村）服务站点等，建立健全三级平台。

3. 因地制宜、注重实效

立足区域实际，科学划分基础网格，合理配置网格力量，确保实现区域人、地、物、事的全覆盖；合理制订建设方案和运行策略，在统一规范标准的基础上，积极探索、大胆创新，努力提高建设和应用实效，不断提升解决问题的能力和水平。

4. 协调联动、分步实施

完善领导体制和工作机制，加大工作协调力度，确保上下协同、左右联动，全面推进城市服务管理网格化体系建设；坚持抓重点和带整体相结合，抓试点与促全面相兼顾，围绕总体和年度目标任务，有计划、有步骤地推进各项工作。

二　重点任务

本区城市服务管理网格化体系建设的重点任务总体概括为“135N”：“1”是指一个专门工作机构，明确职能，独立运行，加强全区城市服务管理网格化体系建设的统筹、协调、督导和考核，大力推进、高位监督；“3”是指三级信息平台，即建立健全区、街道（镇）、社区（村）三级平台并实现互联互通、高效运转；“5”是指五项基础工程，即建立全区“三网”融合的服务管理网格、热线呼叫中心、视频监控系统、基础信息数据和网格监管队伍，以五项工程为抓手加快推进“三网”融合；“N”是指多个业务应用，即以三级平台为依托，以八大模块为重点，逐步与各专业部门服务管理业务应用系统对接，实现一体化运行。

（一）整合指挥调度，构建牵头抓总、统筹推进的组织机构

健全组织机构，加强统筹协调，是确保全区城市服务管理网格化体系建设扎实有序推进的关键。与“大城市管理、大社会服务”的形势需要相适应，按照市“1 +3”文件要求并借鉴其他区的经验做法，在区级层面积极组建独立运行的网格化工作专门机构，充分整合现有“顺义区网格化服务管理指挥中心”职能，提升规格，配强人员，在区智慧城市建设领导小组的领导下，具体负责全区城市服务管理网格化体系建设的统筹、协调、督导和考核，负责区指挥中心平台的运行、维护、管理和人员队伍建设等，加强对各单位、各部门网格化建设工作的指导，确保监督指挥权与行政执法权分离，实现高位推进、高位监督。各街道（镇）要充分借助深化体制改革等有利契机，建立健全相应的网格化建设推进机构，具体负责本辖区城市服务管理网格化体系建设的组织、协调和实施，指导所属社区（村）做好网格化体系建设有关工作。各部门也要明确责任领导、责任科室和责任人员，加大对本部门网格化建设工作的推进力度，形成全区网格化建设“一盘棋”的工作格局。

（二）整合现有资源，构建互联互通、协调联动的信息平台

在现有基础上，按照市级相关标准，进一步加强区级指挥中心平台建设，提高指挥中心平台的规范化和信息化水平，并积极与市城市管理信息平台、首都综治信息平台等实现对接，使之成为全区网格化体系运行的龙头和核心，推动三级平台的互联互通、规范运行和业务

开展。各街道（镇）要加强对现有城管、应急、综治、环境等各类中心职能的整合，建立统一的街道（镇）城市服务管理网格化分中心，建立集应急指挥、视频会议、探头监控等多种功能于一体的街道（镇）城市服务管理综合协调平台，主要负责处理辖区网格报送的各类事件，完成区指挥中心平台交办的各项任务，使之成为城市服务管理网格化信息网络中联系上下、协调左右的重要枢纽。各社区（村）要以服务站（点）为主要依托，建立健全社区（村）城市服务管理基础工作平台，使之具备基础数据采集、问题发现上报、社情民意收集等功能，成为城市服务管理网格化体系的基础和前沿。区、街道（镇）、社区（村）三级平台，要拓宽发现问题渠道，努力实现热线、微信、网站、手机终端等全方位接报；要按照统一规范的标准，完善基础信息数据库、信息系统和运行机制建设，使平台相联通、指挥相呼应、业务相吻合、流程相衔接、机制相一致，确保能够及时上报问题、下派任务，分级分类快速处置，努力把问题妥善解决在社区（村）和街道（镇）层面。

（三）整合网格划分，构建到边到底、无缝衔接的责任网格

本着方便群众、易于管理方针，按照“大小适当、边界清晰、相对完整、三网统一”的原则，科学划分网格，细化工作单元。一般城乡社区按每300～500户、农村按村民小组再细化为若干单元网格；对于辖区内较大的社会单位、旅游景区、道路河流等也可单独划为单元网格。通过网格划分，实现区、街道（镇）、社区（村）、单元网格四级管理，实现网格层面的“三网”融合，确保全区工作网格和责任网格整齐划一。对已划分的各级网格，要重新梳理，调整规范，使之完全融合到新的城市服务管理网格中来；对尚未划分网格的地区，要按照标准落实网格划分，实现城市服务管理网格的全面覆盖；对有争议的网格，要加强协调、明确归属，确保落实责任。划分

的各级网格要实行编码管理，并充分利用现有资源绘制电子地图、影像地图以及网格图层，以便检索和定位。各级网格要将网格内的人、地、事、物、组织全部纳入服务管理范畴，充分履行收集基础信息、反映群众需求、发现报告问题、排查化解矛盾、协助办理事项、动员群众参与等职能。

（四）整合服务热线，构建统一接听、方便群众的热线中心

积极争取市级层面的支持，做好市、区两级的工作衔接，依托12345政府服务热线，有序整合全区现有政府服务热线资源，如各类便民电话、政风行风热线等，加快搭建网络通畅、运转高效、协调有力、方便群众的非紧急救助综合服务中心，并逐步与城市服务管理网格化三级平台对接，使服务热线成为发现问题、汇集民意的重要途径，实现功能延伸、统一接听、按责转办、限时办结。

（五）整合视频系统，构建广泛覆盖、功用高效的视频网络

依托区网格化服务管理指挥中心或公安指挥中心，充分整合公安、交通、安监、住建、城管、市政、水务、园林等方面的现有视频资源，设立统一建设、统一管理的视频监控中心和平台。对现有视频系统进行技术改造和升级，确保视频系统的灵敏度、清晰度；同时，针对视频系统未覆盖的盲区、死角，合理布控视频点位，确保视频监控设施全面覆盖城市服务管理的重要地域、重点部位。视频监控平台要与城市服务管理网格化三级平台实现互联互通，赋予三级平台相应、必要的使用权限，以确保资源共享，提高各级网格主动发现问题、快速处置问题的水平。

（六）整合基础数据，构建信息全面、及时更新的大数据库

以“块”采集、“条”整合为基础，推进集“三网”各类基

础数据于一体的全区城市服务管理网格化体系大数据库建设。城市管理的主要对象按“部件”和“事件”，社会服务管理的主要对象按“人、地、事、物、组织”，特殊行业管理的主要对象按“大气污染治理、气象灾害预防、水污染治理、安全生产、特种设备安全”，社会治安管理的主要对象按“实有人口、特殊人群、两新组织、社会治安、非正常上访、消防安全”等方面信息，进行全面采集、详细分类，准确核实、交叉比对，确保各类基础数据全面准确、口径一致，为大数据应用打好基础。同时，完善相关制度，规范并严格大数据库的管理，确保数据信息安全；健全大数据库的更新维护机制，努力推进数据资源的共享共用，并加强数据分析利用和对宏观决策的支持，以充分发挥大数据在城市服务管理中的作用。

（七）整合各方力量，构建专兼结合、分工协作的网格队伍

按照“专职力量一格一员、专业力量一员多格、兼职力量一格多员”的原则，全面加强网格员队伍建设。街道（镇）、社区（村）网格责任人，原则由相应层级的党、政主要领导兼任；社区（村）细化的单元网格长，原则由社区（村）两委班子成员兼任。各网格责任人及网格长，具体负责网格化日常工作的开展，形成以党的组织为核心、网格平台为依托、问题需求为导向、多方参与为保障的网格化服务管理模式。区级层面要充分整合现有城市管理、社会治安等各类协管人员，并结合市场化招聘等形式，合理配置专职坐席员、网格员和监督员，努力做到“一格一员”。各职能部门以及群团组织，要增强服务基层意识，努力把工作延伸到网格、力量下沉到网格，条件具备的，可借鉴驻区民警、劳动协管员等形式，将工作人员派驻到街道（镇）、社区（村），以“一员一格”或“一员多格”的方式，开展专业的网格化服务管理。要广泛发

动街道（镇）领导、科室干部，社区（村）服务站（点）工作人员、居民（村民）代表、楼门长（村民小组长）、“党群1+1”工作组成员，以及社区（村）内的相关单位人员、广大志愿者，作为网格信息员、联络员等，积极参与到网格化体系中来，形成“一格多员”的兼职网格工作队伍。各网格要以实名制方式，明确并公布专兼职网格人员的姓名及联系电话，以便群众联系和监督。各类专兼职网格人员，要服从所属街道（镇）和社区（村）的统一管理，积极参与属地网格化工作议事会、联席会等，全力协助解决网格化工作中发现的问题。各相关部门要加强对网格人员的业务培训，不断提升网格人员的工作能力。与此同时，要积极探索有奖信息等形式，广泛调动社会各方力量积极参与，形成“人人都是网格员”的良好局面。

（八）整合业务应用，构建“三网融合”、一体运行的共治机制

按照原有计划，加快推进城市管理、社会治安、安全生产、社会保障、社会事业、市场秩序、组织建设等八大重点功能模块建设，并本着“建成一个、接入一个”的原则，尽快与区网格化服务管理指挥中心平台实现对接，以此推动“三网”在办理事项、运行机制、管理制度等方面的融合。与此同时，积极推动党政职能部门和公共服务部门开发业务模块、完善现有系统，进一步将城市服务管理网格化三级平台与城市规划、教育卫生、食药监管、消防安全、环境保护、气象服务、组织建设等部门业务和信息系统进行对接，努力做到“事项应进则进、平台互联互通”，将全区人、地、事、物、组织全部纳入城市服务管理网格化体系，实现业务进网、人员进格，多方联动、一体运行，不断提高城市服务管理网格化的实效。

三　进度安排

根据市“1+3”文件要求和本区“三网”建设现状，加强城市管理网格化体系建设工作分两年四步实施推进。

（一）充分准备、深入发动阶段（2016年1～12月）

加强对市“1+3”系列文件的学习，制定出台《加强网格化体系建设的实施方案》，组建区级网格化建设专门机构，建立健全联席会议等工作制度，加强顶层设计、制订年度计划，深入发动、提高认识，为加强网格化体系建设做好思想、组织和物质准备。

（二）夯实基础、建设平台阶段（2016年7～12月）

重新梳理并规范、完善网格划分；整合全区人、地、事、物、组织等各类基础信息建设统一的大数据库；完善区指挥中心平台，积极推进街道（镇）和社区（村）平台建设；实施社会治安模块建设，并与区指挥中心实现对接。

（三）整合资源、深度融合阶段（2017年1～6月）

全面完成街道（镇）和社区（村）平台建设，与区指挥中心平台互联互通、规范运行；完成全区城市服务管理网格化大数据库建设，为区、街道（镇）、社区（村）指挥中心平台提供数据支持；整合热线服务、视频监控资源，建立全区统一的接听、监管中心，为区、街道（镇）、社区（村）三级平台提供服务。

（四）一体运行、提升水平阶段（2017年7～12月）

在“三网”基本实现融合发展的基础上，进一步整合各类城市服务管理资源，将相关单位部门的城市服务管理事项纳入网格、任务延伸到网格、力量下沉到网格、职责落实到网格，实现一体化服务管理和考核评价，形成全区城市服务管理网格化的长效机制。

四　推进方式

（一）实行重点任务责任分工

明确各项重点任务的主责单位、配合单位。由主责单位牵头，配合单位共同参与，研究制定具体细化的专项工作方案，按照相关标准要求和工作进度安排，分别推进落实。

（二）采取重点项目运作方式

城市服务管理三级平台建设、大数据库建设等重点任务，涉及专业较强，资金需求较大，可由主责单位为主体，聘请专业部门制定具体方案，采取项目化运作方式，按规定程序有序推进和建设。

（三）实行全区统一建设模式

为节约成本、统一标准，各项重点工程应全区统一进行设计和建设，避免各自为战。如在街道（镇）信息平台建设上，对个别已建、在建平台可进行必要的规范和完善，不必推倒重建。除此以外，应全区统一建设、分步实施。

五　保障措施

城市服务管理网格化体系建设是长期任务、系统工程，必须按照全市统一部署和要求，切实做到有机构、有人员、有经费、有场所，为加强网格化体系建设提供有力保障。

（一）加强组织领导

在成立由党政主要领导挂帅的区智慧城市建设领导小组的基础上，健全由区政府主管、领导牵头的区城市服务管理网格化建设组织机构，将此项工作提升为全区战略，纳入重要议事日程，列入政府年度重点任务，加大推进力度。参照市级组织架构，建立由区委、区政府主管领导担任召集人，区市政市容委、区社会工委（区社会办）、区编办、区经济信息化委、区综治办、区城管执法监察局、区民政局、市公安局顺义分局、区质量技术监督局、区气象局、区信息中心、各镇政府、街道办事处等单位和部门参加的区城市服务管理网格化建设联席会议制度，负责研究、指导、协调和解决城市服务管理网格化体系建设中的重大问题；各镇政府、街道办事处要统筹同级党建工作协调委员会、街道管理委员会等组织资源，建立健全组织机构和联席会议制度，及时对本辖区城市服务管理网格化建设中的有关问题进行分析研判和会商解决。

（二）落实经费保障

区级和各街镇要按照现行财政体制，根据城市服务管理网格化体系建设实际需要，分别将所需经费列入各自的年度财政预算，确保各项重点工作顺利推进。在建设经费方面，重点用于推进区、街道（镇）和社区（村）三级平台建设，内容主要包括基础支撑环境建设、应用软件系统建设、数据资源建设、标准规范体系建设等。在运维经费方面，各级平台建成之后，需安排年度运维经费以支持平台的运行，主要用于组织机构运转、移动通信费用、IT 设备和系统维护等。在人员经费方面，为调动专职队伍和社会力量的积极性，确保发现问题、上报问题、反馈问题的及时性和有效性，由相关部门依据具体情况，研究确定待遇标准和激励办法，统一做好经费预算。

（三）强化制度建设

以健全区级和各单位、各部门组织领导机构为基础，以建立区级和街镇联席会议制度为核心，不断完善城市服务管理网格化体系建设的推进机制，经常抓、抓经常，确保工作有序推进。以区、街道（镇）、社区（村）三级平台为枢纽，以专兼职监督员、网格员队伍为支撑，健全信息采集维护、问题源头发现、任务协调处置、分层处理解决、综合管理执法等机制，完善“信息采集、事件立项、任务派遣、任务处置、结果反馈、核实结项、综合评价、绩效考核”的闭环工作流程，确保问题早发现、快解决。以群众满意为标准，以市城市服务管理精细化测评指标体系为依据，建立健全区城市服务管理网格化建设的考核评价体系，并逐步与区社会服务管理创新指标信息系统相衔接，使日常考核与阶段考核、年终考核相结合，集技术监督评价、行政监督评价、社会监督评价为一体，加大在政府绩效考核中的比重，发挥考核评价的导向、激励作用。

（四）大力宣传引导

要树立底线思维，全面准确掌握区域城市服务管理工作的现状、问题，真正做到情况清、底数明，为建设科学高效的城市服务管理网格化体系打下坚实的基础。要运用多种形式和各种传播媒介，广泛深入地宣传城市服务管理网格化体系建设的重要意义，不断提高各级领导干部的思想认识，提高公众的知晓率和参与度。要及时总结网格化体系建设的阶段成效和做法经验，积极宣传工作亮点和先进典型，正确引导社会舆论，为网格化体系建设营造良好的社会氛围。

（五）抓好信息安全

信息化是网格化的重要支撑，信息安全关系网格化体系的建设基

础和运行水平。在信息系统、大数据库、电子地图、应用终端等各项建设重点方面，以及平台互联、系统对接、数据共享、信息传输等各个应用关键环节，都要高度重视并切实抓好信息安全。有关部门要落实信息安全等级保护、风险评估等制度，建立健全信息数据采集、共享交换机制，加强信息技术服务外包的安全措施和应用终端的安全管理，从机制上、技术上全面加大对安全隐患的防控力度，不断提高网格化体系的信息安全水平。

B.27
附录五　顺义区“枢纽型”社会组织业务工作规范

第一章　总　则

第一条　为进一步规范“枢纽型”社会组织工作标准，建立更加成熟、完善的“枢纽型”社会组织制度体系和运行机制，切实有效地发挥好“枢纽型”社会组织的引领作用，根据市委社会工委、市社会办的有关文件精神，制定本规范。

第二条　规范的“枢纽型”社会组织，在业务工作上具备6个要素，即：网络化集群、日常性联系、支持型平台、常态化机制、引导性规范、品牌化特征。

第三条　区社会建设工作领导小组办公室在加大政策引导、加强综合协调、提供相应支持的同时，逐步建立督导检查、考核评价等机制，引导和促进“枢纽型”社会组织进一步提质增效，全面提升整体效能。

第二章　构建网络化集群

第四条　“枢纽型”社会组织应进一步建立健全工作网络，不断扩大工作覆盖面，主动实现增量，适当调整存量，广泛吸纳同性质、同类别、同领域社会组织，形成有规模、有质量、有向心力的社会组织集群。及时与本领域“草根”社会组织加强联系与沟通，多渠道、多途径拓展“枢纽型”社会组织新成员，努力构建“枢纽型”社会组织网络化集群。

第五条 构建网络化集群的方法和形式包括：

（一）以会员制等形式广泛吸纳有意愿的社会组织加入体系；

（二）以政策解读、业务培训、项目实施、资源共享、举办活动、开展公益等多种形式为纽带，同非主管、非会员、非挂靠的社会组织建立工作联系；

（三）以形成价值认同和建立统一的利益诉求表达机制等为基础，达成合作意向；

（四）以群众需求和行业发展为导向，主动培育、孵化有发展潜力的社会组织；

（五）具有业务主管单位资格的群团组织，切实主动作为，将符合条件的申报机构纳入进来。

第三章 深化日常性联系

第六条 按照有领导责任制、有职能部门、有工作制度、有管理和服务体系的广覆盖、有党组织和党的工作的广覆盖、有业务和服务品牌项目的要求，紧密结合工作实际，将社会组织服务管理工作纳入所在单位议事日程，形成有效的领导责任制度，明确具体负责人员，建立健全日常联动机制，切实做好与本领域社会组织的沟通与联系。

第七条 积极探索社会组织分类管理，通过建立工作联盟、划分工作群组、建立“二级枢纽”等方式，及时了解掌握、收集整理社会组织基础信息和工作动态，不断完善社会组织数据库建设。

第八条 不断采取多种形式，同非主管的相关社会组织建立工作联系，贯彻落实好体制、机制改革，对“脱钩”后的社会组织进行有效联系和服务引导。

第四章　提供支持型平台

第九条　坚持服务导向，打造具有自身特色的支持服务平台，为社会组织提供专业性、多样化的服务，是“枢纽型”社会组织的重要工作职责。

第十条　树立“跨界合作”理念，借势、借力、借智，多渠道筹措优势资源：

（一）同党政部门保持良性互动，在政策、资金、项目等方面争取支持；

（二）充分挖掘自身资源，发挥内部各业务系统的综合优势，为社会组织开展工作创造条件；

（三）同相关志愿服务团体、专业社工机构建立伙伴关系，为本领域社会组织争取项目、策划、咨询、人力资源等要素支持；

（四）积极利用媒体、信息、公共关系等资源，帮助社会组织扩大“朋友圈”，获得多角度、多方位的支持。

第十一条　采取适当形式，搭建为本领域社会组织提供专业化、集约式服务的“一站式”平台，主要包括：

（一）积极创造条件，探索设立具有一定孵化、培育、指导及互动交流功能的服务机构和场所，特别是加快社区社会组织服务（孵化）中心建设和运行，为社会组织提供孵化、指导、互动等服务；

（二）引入专业社工机构，委托其为有需求的社会组织提供“托管式”“陪伴式”等能力建设服务；

（三）成立内部专门机构，并组建专家智囊团，提供咨询、顾问、指导、评估等服务；

（四）依托本领域相关综合性社会组织，在集成资源、辐射带动、服务指导等方面发挥平台作用。

第十二条 积极拓展资金支持渠道，鼓励社会组织通过争取财政资金、社会化支持等多种渠道筹集经费，以购买服务、项目化运作的形式，支持本领域社会组织长效发展。

第十三条 有效搭建社会资源对接平台，通过举办“公益创投比赛”“资源对接会”等活动，帮助本领域社会组织推介项目、匹配资源。

第十四条 强化社会组织能力建设，结合工作实际，开展多层次、多种类的培训，通过案例引导、专业辅导、政策指导等方式，帮助社会组织了解政策导向，培养创新工作思维、优化运营管理模式，增强自我“造血功能”；有针对性地培养重点领域社会组织发展，塑造本领域社会组织“新品牌”；引导和促进领域内社会组织“组团式”发展，通过项目合作、设施共享、经验借鉴、互动交流等方式，实现优势互补、规模发展。

第十五条 鼓励“枢纽型”社会组织结合本领域特色，主动研究和关注社会企业模式，支持有条件的社会组织向社会企业转型。

第十六条 “枢纽型”社会组织在实际工作中，应综合考虑本领域社会组织发展需要，本着公平、公开、透明的原则，提高资源配置效率，最大限度地惠及本领域广大社会组织。

第五章　提升常态化机制

第十七条 “枢纽型”社会组织应着力固化、提升已形成的常规性、基础性工作机制和服务模式，不断健全完善社会组织秘书长工作例会制度。基本要求是：

（一）原则上至少每个季度召开一次；

（二）可以以“联系会议”“工作沙龙”“专题研讨”等多种形式体现；

（三）会议内容以解读政策、通报情况、交流经验、研究问题等为主，或在征求社会组织意见基础上确定适当主题；

（四）及时将每次工作例会情况形成会议纪要，留存备案。

第十八条　制定、完善本领域社会组织建设的政策性文件，及时总结、提炼工作中的成熟经验和典型做法，可以以文件、通报等形式予以推广；根据区社会办要求，积极组织本领域社会组织参与政府购买服务项目，并通过项目化运作的形式，规范项目申报、资金使用、绩效评价等流程。

第十九条　高标准、常态化加强社会组织信息平台建设。主要包括：

（一）完善社会组织基础数据库建设，及时、动态掌握所联系的社会组织数量规模、组织类型、人员状况、业务开展等基本信息；

（二）建立信息联络员制度，及时收集、掌握本领域社会组织工作动态；

（三）有条件的单位应按照要求尝试建立本领域社会组织新闻发言人制度；

（四）以“服务提供”为着眼点，分类整理、汇编本领域社会组织有代表性的服务事项、服务项目、服务产品等，以社会组织服务“导览”、服务“地图”等形式向社会推介，提升社会组织影响力，有效促进社会需求对接；

（五）利用网站、刊物以及微信群、QQ 群、APP 软件等信息载体，展示、交流社会组织工作动态；

（六）同社会建设等部门的信息联动，及时报送本领域社会组织相关信息。

第二十条　在鼓励“枢纽型”社会组织开展常规性业务培训的

基础上，探索具有本领域特色的社会组织培训模式、课程体系等，切实提高社会组织人才队伍建设的整体水平。

第六章　加强规范化引导

第二十一条　“枢纽型”社会组织对本领域社会组织进行规范化引导是政府依法监管的有效补充，主要通过倡导核心价值、形成共同理念、进行章程约束、推动诚信自律、履行社会责任等社会化方式进行。

第二十二条　结合工作实际，通过以下方式引导社会组织规范发展。

（一）推动加强本领域社会组织诚信自律建设，通过发布“自律公约”、建立“诚信档案”等形式，倡导诚信自律、强化规则约束、完善社会监督；

（二）探索建立社会组织“推优档案”，通过声誉评价、表彰先进等方式进行引导和约束；

（三）编辑发布本领域社会组织“工作指南”“实务手册”等，提供法律规定、行业政策、典型案例等工作指引；

（四）积极研究、了解、掌握本领域、本行业的工作动态、最新政策法规、改革发展趋势等整体情况，切实做好对社会组织的业务指导；

（五）探索建立对本领域“草根”组织的引导机制。

第二十三条　鼓励“枢纽型”社会组织结合实际，在本领域开展社会组织建设试点工作，通过制定考核评价办法、发布业务规范标准等方式，引导和推动社会组织加强能力建设。

第二十四条　进一步完善“枢纽型”社会组织人才培养机制，将本领域社会组织人才工作纳入日常工作体系当中。鼓励本领域社会组织人才积极参与专业资格考试等，切实加大对社会组织人才自身能力建设，有效提升社会组织管理水平。同时树立“大人才”观概念，认真做好社会组织优秀从业人员的推介工作。

第二十五条　积极配合登记管理机关、行业主管部门以及相关职能部门，在开展行业协调、日常服务、登记、年检等方面发挥好协同配合作用。

第七章　打造特色化品牌

第二十六条　高度重视自身及本领域社会组织服务品牌的创建、传播与推广，增强竞争力、提高美誉度，更好地吸引合作伙伴、争取更多资源。

第二十七条　社会组织公益服务品牌应达到以下标准：

（一）品牌效应突出。在相应社会服务领域具有较高的知名度、美誉度；品牌名称明确，能标志化地凝练概括公益服务的内涵及本质特征，具有相应的标识系统，易于识别、宣传和推广。

（二）彰显公益特征。着力于提供社会所需、实效明显的公益产品和服务，能补充、完善社会服务领域的缺失和不足，服务对象评价良好。

（三）体现核心业务。能集中反映该社会组织的核心业务，突出体现该组织的工作理念、文化内涵、服务领域等要素，对本组织的整体工作有较强的引领和带动作用。

（四）发展基础牢靠。经过较长时间的运营和积累，具有专业性、公益性、稳定性等特征，已形成比较广泛的群众基础和稳定的服务对象，具有良好的发展前景和预期。

第二十八条　品牌创建应紧密围绕顺义社会发展实际，重点突出以下方面：

（一）为老年人、妇女、儿童、残疾人、失业人员、农民工、不良行为青少年、社区矫正人员等特定群体服务；

（二）在生态环保、矛盾调解、法律援助、心理疏导、应急求助、社区治理等方面提供专业服务。

第二十九条 建立健全与品牌创建相配套的工作体系，主要包括：

（一）以“顺义公益行”及本领域相关特色活动为载体，周密部署、广泛动员本领域社会组织参与公共服务和社会治理，力争在公益活动的形式、内容、广度、深度上有突破、有创新；

（二）结合本领域工作实际，制定、公布社会组织服务品牌的评价、遴选、认定流程及标准；

（三）制定激励措施和办法，对特色活动和优秀品牌予以适当表彰、奖励，营造良好社会服务氛围；

（四）搭建、参与综合展示平台或借助广播、电视、网络等媒体，对表现突出的品牌活动及项目，进行有针对性的宣传、推广，有效扩大社会影响力。

第三十条 鼓励“枢纽型”社会组织积极采取措施、指导和帮助本领域社会组织强化品牌意识，定向培育、深入挖掘本领域社会组织公益品牌，争取每个领域都有一批“叫得响”的综合性或专业性服务品牌。

第八章 附 则

第三十一条 各“枢纽型”社会组织可结合工作实际，参照本规范研究制定本领域工作的相关规范和标准。

第三十二条 本规范由区社会建设工作领导小组办公室负责解释。

B.28
后　记

本蓝皮书从2016年11月开始酝酿，在合作单位中关村长策产业发展战略研究院专家学者的配合下，成立了以北京市社会科学院原副院长马仲良研究员为组长的课题组，历时6个月，终于编写完成。《北京市顺义区社会建设发展报告（2017）》的出版，是顺义区社会建设的一件大事。

出版蓝皮书的目的，在于系统总结2016年顺义区社会建设成果，促进区社会建设工作领导小组各成员单位间的交流，进一步推进顺义区社会治理体系建设，促进全区社会治理能力现代化。

本书的编写得到顺义区社会建设工作领导小组各成员单位的大力支持，各成员单位提供了大量的资料，在此表示感谢！由于蓝皮书篇幅有限，很多材料未能编入，在此表示歉意！

本书的出版得到社会科学文献出版社曹义恒等编辑的指导，在此表示感谢！

❖ 皮书起源 ❖

“皮书”起源于十七、十八世纪的英国，主要指官方或社会组织正式发表的重要文件或报告，多以“白皮书”命名。在中国，“皮书”这一概念被社会广泛接受，并被成功运作、发展成为一种全新的出版形态，则源于中国社会科学院社会科学文献出版社。

❖ 皮书定义 ❖

皮书是对中国与世界发展状况和热点问题进行年度监测，以专业的角度、专家的视野和实证研究方法，针对某一领域或区域现状与发展态势展开分析和预测，具备原创性、实证性、专业性、连续性、前沿性、时效性等特点的公开出版物，由一系列权威研究报告组成。

❖ 皮书作者 ❖

皮书系列的作者以中国社会科学院、著名高校、地方社会科学院的研究人员为主，多为国内一流研究机构的权威专家学者，他们的看法和观点代表了学界对中国与世界的现实和未来最高水平的解读与分析。

❖ 皮书荣誉 ❖

皮书系列已成为社会科学文献出版社的著名图书品牌和中国社会科学院的知名学术品牌。2016 年，皮书系列正式列入“十三五”国家重点出版规划项目；2012~2016 年，重点皮书列入中国社会科学院承担的国家哲学社会科学创新工程项目；2017 年，55 种院外皮书使用“中国社会科学院创新工程学术出版项目”标识。

中国皮书网

发布皮书研创资讯，传播皮书精彩内容
引领皮书出版潮流，打造皮书服务平台

栏目设置

关于皮书：何谓皮书、皮书分类、皮书大事记、皮书荣誉、
　　　　　皮书出版第一人、皮书编辑部

最新资讯：通知公告、新闻动态、媒体聚焦、网站专题、视频直播、下载专区

皮书研创：皮书规范、皮书选题、皮书出版、皮书研究、研创团队

皮书评奖评价：指标体系、皮书评价、皮书评奖

互动专区：皮书说、皮书智库、皮书微博、数据库微博

所获荣誉

2008 年、2011 年，中国皮书网均在全国新闻出版业网站荣誉评选中获得“最具商业价值网站”称号；

2012 年，获得“出版业网站百强”称号。

网库合一

2014 年，中国皮书网与皮书数据库端口合一，实现资源共享。更多详情请登录 www.pishu.cn。

权威报告·热点资讯·特色资源

皮书数据库

ANNUAL REPORT(YEARBOOK) DATABASE

当代中国与世界发展高端智库平台

所获荣誉

- 2016年，入选“国家‘十三五’电子出版物出版规划骨干工程”
- 2015年，荣获“搜索中国正能量 点赞2015”“创新中国科技创新奖”
- 2013年，荣获“中国出版政府奖·网络出版物奖”提名奖
- 连续多年荣获中国数字出版博览会“数字出版·优秀品牌”奖

成为会员

通过网址www.pishu.com.cn或使用手机扫描二维码进入皮书数据库网站，进行手机号码验证或邮箱验证即可成为皮书数据库会员（建议通过手机号码快速验证注册）。

会员福利

- 使用手机号码首次注册会员可直接获得100元体验金，不需充值即可购买和查看数据库内容（仅限使用手机号码快速注册）。
- 已注册用户购书后可免费获赠100元皮书数据库充值卡。刮开充值卡涂层获取充值密码，登录并进入“会员中心”—“在线充值”—“充值卡充值”，充值成功后即可购买和查看数据库内容。

社会科学文献出版社 SOCIAL SCIENCES ACADEMIC PRESS (CHINA) 皮书系列

卡号：493194245915

密码：

数据库服务热线：400-008-6695
数据库服务QQ：2475522410
数据库服务邮箱：database@ssap.cn
图书销售热线：010-59367070/7028
图书服务QQ：1265056568
图书服务邮箱：duzhe@ssap.cn

S 子库介绍
Sub-Database Introduction

中国经济发展数据库

涵盖宏观经济、农业经济、工业经济、产业经济、财政金融、交通旅游、商业贸易、劳动经济、企业经济、房地产经济、城市经济、区域经济等领域，为用户实时了解经济运行态势、 把握经济发展规律、 洞察经济形势、 做出经济决策提供参考和依据。

中国社会发展数据库

全面整合国内外有关中国社会发展的统计数据、 深度分析报告、 专家解读和热点资讯构建而成的专业学术数据库。涉及宗教、社会、人口、政治、外交、法律、文化、教育、体育、文学艺术、医药卫生、资源环境等多个领域。

中国行业发展数据库

以中国国民经济行业分类为依据，跟踪分析国民经济各行业市场运行状况和政策导向，提供行业发展最前沿的资讯，为用户投资、从业及各种经济决策提供理论基础和实践指导。内容涵盖农业，能源与矿产业，交通运输业，制造业，金融业，房地产业，租赁和商务服务业，科学研究，环境和公共设施管理，居民服务业，教育，卫生和社会保障，文化、体育和娱乐业等 100 余个行业。

中国区域发展数据库

对特定区域内的经济、社会、文化、法治、资源环境等领域的现状与发展情况进行分析和预测。涵盖中部、西部、东北、西北等地区，长三角、珠三角、黄三角、京津冀、环渤海、合肥经济圈、长株潭城市群、关中—天水经济区、海峡经济区等区域经济体和城市圈，北京、上海、浙江、河南、陕西等 34 个省份及中国台湾地区 。

中国文化传媒数据库

包括文化事业、文化产业、宗教、群众文化、图书馆事业、博物馆事业、档案事业、语言文字、文学、历史地理、新闻传播、广播电视、出版事业、艺术、电影、娱乐等多个子库。

世界经济与国际关系数据库

以皮书系列中涉及世界经济与国际关系的研究成果为基础，全面整合国内外有关世界经济与国际关系的统计数据、深度分析报告、专家解读和热点资讯构建而成的专业学术数据库。包括世界经济、国际政治、世界文化与科技、全球性问题、国际组织与国际法、区域研究等多个子库。

法律声明

“皮书系列”（含蓝皮书、绿皮书、黄皮书）之品牌由社会科学文献出版社最早使用并持续至今，现已被中国图书市场所熟知。“皮书系列”的LOGO（ ）与“经济蓝皮书”“社会蓝皮书”均已在中华人民共和国国家工商行政管理总局商标局登记注册。“皮书系列”图书的注册商标专用权及封面设计、版式设计的著作权均为社会科学文献出版社所有。未经社会科学文献出版社书面授权许可，任何使用与“皮书系列”图书注册商标、封面设计、版式设计相同或者近似的文字、图形或其组合的行为均系侵权行为。

经作者授权，本书的专有出版权及信息网络传播权为社会科学文献出版社享有。未经社会科学文献出版社书面授权许可，任何就本书内容的复制、发行或以数字形式进行网络传播的行为均系侵权行为。

社会科学文献出版社将通过法律途径追究上述侵权行为的法律责任，维护自身合法权益。

欢迎社会各界人士对侵犯社会科学文献出版社上述权利的侵权行为进行举报。电话：010－59367121，电子邮箱：fawubu@ssap.cn。

社会科学文献出版社